Karl Riesenhuber (Hrsg.)

Das Allgemeine Gleichbehandlungsgesetz – Grundsatz- und Praxisfragen

Praxishefte
zum
Europäischen Privatrecht

Heft 2

De Gruyter Recht · Berlin

Das Allgemeine Gleichbehandlungsgesetz – Grundsatz- und Praxisfragen

Karl Riesenhuber (Hrsg.)

De Gruyter Recht · Berlin

∞ Gedruckt auf säurefreiem Papier,
das die US-ANSI-Norm über Haltbarkeit erfüllt.

ISBN 978-3-89949-445-7

Bibliografische Information der Deutschen Nationalbibliothek

Die Deutsche Nationalbibliothek verzeichnet diese Publikation in der Deutschen Nationalbibliografie; detaillierte bibliografische Daten sind im Internet über http://dnb.d-nb.de abrufbar.

Printed in Germany
Satz: DTP Johanna Boy, Brennberg
Druck und buchbinderische Verarbeitung: AZ Druck und Datentechnik, Kempten

Inhaltsübersicht

Autorenverzeichnis

Eva Kocher	Dr. iur., Privatdozentin an der Universität Hamburg
Karl Riesenhuber	Dr. iur., Professor an der Ruhr-Universität Bochum
Dagmar Schiek	Dr. iur., Professorin an der University of Leeds (UK)
Marlene Schmidt	Dr. iur., Privatdozentin an der Johann Wolfgang Goethe-Universität, Frankfurt am Main
Robert v. Steinau-Steinrück	Dr. iur., Rechtsanwalt und Fachanwalt für Arbeitsrecht, Berlin
Felix Welti	Dr. iur., Privatdozent an der Christian-Albrechts-Universität zu Kiel

1. Teil

Grundlagen und Übersicht

§ 1 Diskriminierungsverbote im Privatrecht: Europarechtliche Grundlagen*

Karl Riesenhuber

Übersicht

---

* Für seine gedankenreiche Unterstützung bei der Vorbereitung des Beitrags, Anregungen und Diskussionen danke ich Herrn wiss. Mit. Referendar *Frank Rosenkranz.*

I. Einführung

Mit dem AGG sind Diskriminierungsverbote zentraler Bestandteil des Privatrechts geworden. Allerdings ist es keineswegs so, dass es im bisherigen deutschen Privatrecht keine Diskriminierungsverbote gegeben hätte, sie ließen sich insbesondere über die mittelbare Einwirkung der Grundrechte in das Privatrecht begründen. Und der Gedanke, dass der willkürliche Rückzug vom öffentlichen Angebot als sittenwidrige Herabsetzung zu beurteilen sein kann, findet sich ebenfalls bereits seit längerem in der deutschen Rechtsprechung und Literatur.[1]

Diskriminierungsverbote waren indes bislang punktuelle Eingriffe in die Privatautonomie. Ausgehend vom Grundsatz der Privatautonomie, der die Freiheit zu diskriminieren mit umfasst,[2] war die Diskriminierung bislang nicht eigens und nicht als solche verboten, sondern im Wesentlichen nur *als sittenwidriges Verhalten oder Persönlichkeitsverletzung* mit einer rechtsgeschäftlichen Nichtigkeitsfolge und einem deliktischen Ersatzanspruch bewehrt. Mit dem AGG ändert sich das jetzt. Der Unterschied ist durchaus qualitativ erheblich. Diskriminierung wird als solche verboten, und zwar durch ein plakatives Gesetz. Die Diskriminierungstatbestände sind – im Anschluss an die vorbestehende Dogmatik des Arbeitsrechts – im Einzelnen ausgeformt. Die Rechtsdurchsetzung wird durch eine Beweislastumkehr, die Tätigkeit einer Gleichstellungsbehörde sowie durch Rechte privater Organisationen verstärkt.

Damit steht die Praxis vor einer neuen Rechtslage, die in ihrer Reichweite und ihren Auswirkungen den Änderungen des Bürgerlichen Rechts durch die Schuldrechtsmodernisierung von 2002 sicher in nichts nachsteht. Mag das Gesetz wegen seiner sachlichen Geschlossenheit und seiner speziellen Normierung auch als weitgehend gesondert erscheinen, so sind doch seine allesdurchdringenden Wirkungen nicht zu unterschätzen.[3] Mit der Schuldrechtsmodernisierung teilt das neue Gesetz zudem den europarechtlichen Hintergrund. Dieser wird, wie die Erfahrung zeigt, oft unterschätzt, ungeachtet seiner potentiell außerordentlichen Hebelwirkung.

---

[1] Eingehend *Riesenhuber*, Rechtsangleichung: Wandlungen oder Erosion der Privatautonomie, in: Riesenhuber/Nishitani (Hrsg.), Wandlungen oder Erosion der Privatautonomie (in Vorbereitung für 2007), § 2.

[2] *Neuner*, Diskriminierungsschutz durch Privatrecht, JZ 2003, 57, 59. S.a. *Picker*, Antidiskriminierungsprogramme im freiheitlichen Privatrecht, in: E. Lorenz (Hrsg.) Karlsruher Forum 2004: Haftung wegen Diskriminierung, Karlsruhe 2005, S. 43–54.

[3] S. exemplarisch die Beiträge von *v. Steinau-Steinrück*, M. *Schmidt*, und *Welti* im nachfolgenden 2. Teil, §§ 4–6.

II. Diskriminierungsverbote im Europäischen Privatrecht

Diskriminierungsverbote sind im Europäischen Privatrecht keine Neuheit. Im Gegenteil gehören sie geradezu zu den Grundlagen des Europäischen Rechts. Geändert hat sich freilich im Laufe der Entwicklung das *telos* der Diskriminierungsverbote. Stand am Anfang der wirtschaftliche Aspekt der Vermeidung von Wettbewerbsverzerrungen im Vordergrund, so geht es in jüngerer Zeit um den gesellschaftlichen (sozialen) Zweck des Schutzes von Grundrechten.[4]

1. Primärrechtliche Grundlagen

a) Der Lohngleichbehandlungsgrundsatz des Art. 141 EG

Das zeigt sich besonders in den primärrechtlichen Grundlagen.[5] Hervorzuheben ist hier zuerst der arbeitsrechtliche Lohngleichbehandlungsgrundsatz des Art. 141 EG, der bereits im römischen EWG-Vertrag von 1957 als Art. 119 enthalten war. Die auch zwischen Privaten unmittelbar anwendbare Vorschrift verbietet die Lohndiskriminierung wegen des Geschlechts. In den EWG-Vertrag war die Vorschrift aufgenommen worden, weil das französische Recht Entsprechendes schon bestimmte und Frankreich ohne die Erstreckung auf alle Mitgliedstaaten einen Standortnachteil im Wettbewerb besorgte.[6]

b) Die Grundfreiheiten als Diskriminierungsverbote

Geht man weiter vom Speziellen zum Allgemeinen vor, so enthalten zweitens die Grundfreiheiten – Warenverkehr, Dienstleistung, Arbeitnehmerfreizügigkeit, Niederlassung, Kapital – auch Diskriminierungsverbote.[7]

---

[4] Vgl. die Begründung zum Vorschlag für die spätere Richtlinie 2004/113, KOM(2003) 657 endg., S. 2.

[5] Dazu auch Schiek-*Schiek*, Allgemeines Gleichbehandlungsgesetz (AGG) (2007), Einl. AGG Rn. 24–27.

[6] *Preis/Mallossek*, in: Oetker/Preis (Hrsg.), Europäisches Arbeits- und Sozialrecht (EAS) (Stand März 2007) B 4000 Rn. 5; von der Groeben/Schwarze-*Rust*, EUV/EGV – Kommentar, Bd. 1 (6. Aufl. 2003), Art. 141 EG Rn. 5; *Rieble*, Arbeitsmarkt und Wettbewerb (1996), S. 89 f.

[7] *Ehlers*, Allgemeine Lehren, in: Ehlers (Hrsg.), Europäische Grundrechte und Grundfreiheiten (2. Aufl. 2005), § 7 Rn. 2 ff.

Als Beispiel mag wiederum das Arbeitsrecht dienen. Die Arbeitnehmerfreizügigkeit umfasst nach Art. 39 Abs. 2 EG „die Abschaffung jeder auf der Staatsangehörigkeit beruhenden unterschiedlichen Behandlung der Arbeitnehmer der Mitgliedstaaten in Bezug auf Beschäftigung, Entlohnung und sonstige Arbeitsbedingungen".[8] Dieses Diskriminierungsverbot richtet sich freilich zuerst an Mitgliedstaaten und Gemeinschaft. Indes hat der Europäische Gerichtshof ihm im Fall *Angonese* darüber hinaus eine unmittelbare Drittwirkung auch zwischen Privaten beigelegt und daher einen nur lokal erhältlichen Mehrsprachigkeitsnachweis als unzulässiges Einstellungskriterium angesehen.[9]

c) Das allgemeine Verbot der Nationalitätendiskriminierung des Art. 12 EG

Schließlich sei das allgemeine Verbot der Nationalitätendiskriminierung hervorgehoben, das Art. 12 EG begründet. Freilich kommt dem allgemeinen Gebot neben den speziellen Gewährleistungen durch die Grundfreiheiten nur eine untergeordnete Rolle zu; es ist subsidiär gegenüber den „besonderen Bestimmungen" des EG-Vertrags.[10] In der Rechtsprechung spielt es daher keine hervorgehobene Rolle. Ob auch Art. 12 EG zwischen Privaten unmittelbar anwendbar ist, ist zudem umstritten.[11]

---

[8] Streinz-*Franzen,* EUV/EGV – Kommentar (2003), § 39 EG Rn. 83 ff.; eingehend Hanau/Steinmeyer/Wank-*Hanau*, Handbuch des europäischen Arbeits- und Sozialrechts (2002), § 15 Rn. 148–232.

[9] EuGH v. 6.6.2000 – Rs. C-281/98 *Angonese,* Slg. 2000, I-4139. Kritisch *Riesenhuber,* Europäisches Vertragsrecht (2. Aufl. 2006), Rn. 100 f.

[10] Vgl. EuGH v. 12.5.1998 – Rs. C-336/96 *Gilly,* Slg. 1998, I-2793 Rn. 37; Schwarze-*Holoubek,* EUV/EGV – Kommentar (2000), Art. 12 EG Rn. 8.

[11] *Riesenhuber* (Fn. 9), Rn. 100 f.; für eine (nur) mittelbare Drittwirkung Schwarze-*Holoubek,* (Fn. 10) Art. 12 EG Rn. 14, 25–27; von der Groeben/Schwarze-*Zuleeg* (Fn. 6), Art. 12 Rn. 17; Calliess/Ruffert-*Epiney,* EUV/EGV – Kommentar (2. Aufl. 2002), Art. 12 EG Rn. 19; wohl auch Streinz-*Streinz* (Fn. 8), Art. 12 EG Rn. 39 (aber mit Hinweis auf die *Angonese*-Rechtsprechung); grundsätzlich für eine unmittelbare Drittwirkung Grabitz/Hilf-*v. Bogdandy,* Bd. 1 (Stand 10/2006), Art. 12 Rn. 26–28, allerdings mit der Einschränkung, die Vertragsabschlussfreiheit bleibe davon wegen ihrer fundamentalen Bedeutung unberührt (nur Art. 82 EG).

d) Die Kompetenzgrundlage des Art. 13 EG

Nicht als eigenständiges Diskriminierungsverbot, aber als Kompetenzgrundlage und als Ausdruck des Prinzips der Gleichbehandlung spielt schließlich auch Art. 13 EG eine – freilich beschränkte – Rolle.[12] Die Vorschrift ermächtigt den Rat „geeignete Vorkehrungen [zu] treffen, um Diskriminierungen aus Gründen des Geschlechts, der Rasse, der ethnischen Herkunft, der Religion oder der Weltanschauung, einer Behinderung, des Alters oder der sexuellen Ausrichtung zu bekämpfen".

e) Der Gleichbehandlungsgrundsatz als Allgemeiner Rechtsgrundsatz

Die Gesamtheit der primärrechtlichen Einzelregelungen begründet ein verhältnismäßig dichtes, wenn auch nicht systematisch geordnetes oder lückenloses Netz von Diskriminierungsverboten. Der EuGH spricht deswegen öfter vom Gleichbehandlungsgrundsatz als Allgemeinem Grundsatz des Primärrechts.[13] Praktische Folgen hat er daran freilich – sieht man von einer später (IV.3.) erörterten Ausnahme ab – bislang nicht geknüpft. Der Topos vom Allgemeinen Grundsatz wird eher als eine Art Argumentationshilfe herangezogen.[14]

2. Ausgangspunkt der Rechtsangleichung im Bereich der arbeitsrechtlichen Verbote der Geschlechtsdiskriminierung

a) Die Gleichbehandlungsrichtlinie Lohn

Von hier ausgehend hat die Gemeinschaft aber auch im Wege der eigenen sekundärrechtlichen Rechtsetzung Diskriminierungsverbote begründet bzw.

---

[12] Dazu eingehend und treffend GA *Geelhoed,* Schlussanträge v. 16.3.2006 – Rs. C-13/05 *Chacón Navas,* Slg. 2006, I-6467 Rn. 46–56; s. auch GA *Mazák,* Schlussanträge v. 15.2.2007 – Rs. C-411/05 *Palacios de la Villa,* (noch nicht in Slg.) Rn. 95, 138.

[13] S. nur EuGH v. 11.7.2006 – Rs. C-13/05 *Chacón Navas,* Slg. 2006, I-6467 Rn. 55 f.; EuGH v. 22.11.2005 – Rs. C-144/04 *Mangold,* Slg. 2005, I-9981 Rn. 74 ff. Dazu GA *Mazák,* Schlussanträge v. 15.2.2007 – Rs. C-411/05 *Palacios de la Villa,* (noch nicht in Slg.) Rn. 87 ff.

[14] S.a. *Domröse,* Krankheitsbedingte Kündigung als Verstoß gegen das Verbot der Diskriminierung wegen einer Behinderung in Beschäftigung und Beruf?, NZA 2006, 1320, 1323 f.

ausgestaltet. Ausgangspunkt für die Rechtsetzungstätigkeit war aus nahe liegenden Gründen das Verbot der Geschlechtsdiskriminierung im Bereich des Lohns. Die Richtlinie 75/117/EWG[15], wie schon die Bezeichnung erkennen lässt aus dem Jahr 1975, gestaltet das primärrechtliche Diskriminierungsverbot des Art. 141 EG näher aus. Die Umsetzung erfolgte in Deutschland durch § 612 Abs. 3 BGB a.F.

b) Die Gleichbehandlungsrichtlinie Arbeitsbedingungen

Über den Bereich des Lohns hinaus geht die bald darauf folgende Richtlinie 76/207/EWG[16]. Sie erstreckt das Verbot der Geschlechtsdiskriminierung nun auch auf den Bereich der Arbeitsbedingungen. Die Umsetzung erfolgte in Deutschland durch den früheren § 611a BGB. Hier tat sich der Gesetzgeber vor allem mit der Bewehrung des Diskriminierungsverbots schwer und hatte mehrfach Anlass zur Nachbesserung aufgrund von Vorgaben des EuGH (s. noch unten, IV.4.).

c) Die Beweislastrichtline

Weitere Richtlinien haben diese Diskriminierungsverbote im Folgenden ergänzt, teilweise auch als Reaktion auf die Rechtsprechung des EuGH[17]. Hervorhebung verdient die Beweislastrichtlinie 97/80/EG[18]. Für den Bereich der arbeitsrechtlichen Diskriminierungsverbote bezweckt sie eine Effektuierung des Gleichbehandlungsgrundsatzes durch eine Beweiserleichterung. Wenn ein vermeintliches Diskriminierungsopfer im behördlichen oder gerichtlichen Verfahren Tatsachen glaubhaft macht, die das Vorliegen einer Diskriminierung vermuten lassen, obliegt es dem angeblichen Diskriminanten, zu beweisen, dass keine Verletzung des Gleichbehandlungsgrundsatzes vorgelegen hat (s. noch unten, III.3.c)).

---

15 Richtlinie 75/117/EWG des Rates vom 10.2.1975 zur Angleichung der Rechtsvorschriften der Mitgliedstaaten über die Anwendung des Grundsatzes des gleichen Entgelts für Männer und Frauen, ABl. 1975 L 45/19.

16 Richtlinie 76/207/EWG des Rates vom 9.2.1976 zur Verwirklichung des Grundsatzes der Gleichbehandlung von Männern und Frauen hinsichtlich des Zugangs zur Beschäftigung, zur Berufsbildung und zum beruflichen Aufstieg sowie in Bezug auf die Arbeitsbedingungen, ABl. 1976 L 39/40.

17 So insbesondere zur Beweislast; s. EuGH v. 27.10.1993 – Rs. C-127/92 *Enderby*, Slg. 1993, I-5535 Rn. 13 f.

18 Richtlinie 97/80/EG des Rates vom 15.12.1997 über die Beweislast bei Diskriminierung aufgrund des Geschlechts, ABl. 1997 L 14/6.

3. Die neue Generation von Diskriminierungsverboten: Verbot weiterer Diskriminierungsmerkmale

Mit der Rechtsetzung von 2000 wurde eine dritte Generation der europarechtlichen Diskriminierungsverbote ins Leben gerufen. Sie zeichnet sich zuerst durch die Erweiterung der verbotenen Diskriminierungsmerkmale aus.[19]

a) Die „Rassendiskriminierungsrichtlinie"

Aus der ursprünglichen Planung wurde zunächst aus politischen Gründen[20] die Richtlinie 2000/43/EG[21] ausgeklinkt und vorab verabschiedet. Sie verbietet die Diskriminierung aus Gründen der Rasse oder ethnischen Herkunft und sollte nicht zuletzt auch ein Zeichen gegen Ausländerfeindlichkeit sein.

Neben der Einführung eines neuen Diskriminierungsmerkmals zeichnet sich die Richtlinie auch durch einen erweiterten Anwendungsbereich aus. Sie ist zwar ebenfalls sehr breitflächig auf das Arbeitsleben anwendbar (Art. 3 lit. a-g). Darüber hinaus gilt die Richtlinie 2000/43/EG aber auch für den Zugang zu und die Versorgung mit Gütern und Dienstleistungen (Art. 3 lit. h; näher noch sogleich, 4.).

b) Die Gleichbehandlungsrahmenrichtlinie

Ebenfalls im Jahr 2000 wurde die Gleichbehandlungsrahmenrichtlinie 2000/78/EG[22] verabschiedet. Sie verbietet die Diskriminierung aus einer Fülle weiterer Gründe, nämlich wegen

---

[19] Von einer neuen Richtliniengeneration spricht auch *Kocher,* in diesem Band, § 3 sub I. 1. (S. 57), die auf die zunehmende Ausgestaltung der Rechtsdurchsetzungsregeln hinweist.

[20] S. *Schmidt-Räntsch,* EG-Diskriminierungsverbote im deutschen Mietrecht, in Börstinghaus/Eisenschmid (Hrsg.), Festschrift für Blank (2006), S. 381–396; *ders.,* Auswirkungen des Allgemeinen Gleichbehandlungsgesetzes auf das Mietrecht, NZM 2007, 6.

[21] Richtlinie 2000/43/EG des Rates vom 29. 6.2000 zur Anwendung des Gleichbehandlungsgrundsatzes ohne Unterschied der Rasse oder der ethnischen Herkunft, ABl. 2000 L 180/22.

[22] Richtlinie 2000/78/EG des Rates vom 27.11.2000 zur Festlegung eines allgemeinen Rahmens für die Verwirklichung der Gleichbehandlung in Beschäftigung und Beruf, ABl. 2000 L 303/16.

- der Religion oder der Weltanschauung,
- einer Behinderung,
- des Alters oder
- der sexuellen Ausrichtung.

Die Rahmenrichtlinie ist allerdings wieder auf den Bereich von Beschäftigung und Beruf beschränkt.

4. Das Verbot der Geschlechtsdiskriminierung im Europäischen Vertragsrecht

Vorläufiger Schlusspunkt der Entwicklung ist die Richtlinie 2004/113/EG[23] zur Verwirklichung des Grundsatzes der Gleichbehandlung von Männern und Frauen beim Zugang zu und bei der Versorgung mit Gütern und Dienstleistungen. Es geht also auch hier um ein Verbot der Geschlechtsdiskriminierung. Dieses wird mit der Richtlinie indes auf einen neuen Anwendungsbereich erstreckt: den Zugang zu und die Versorgung mit Gütern und Dienstleistungen.

Damit erfasst die Richtlinie der Sache nach den gesamten Bereich des Vertragsrechts: denn in einer Marktwirtschaft ist der Vertrag das zentrale Instrument zur Verteilung von Gütern und Dienstleistungen.[24] Darüber hinaus geht es jetzt – anders als bei der Rassendiskriminierungsrichtlinie – nicht mehr um einen verhältnismäßig speziellen Diskriminierungsgrund.[25] Mit dem Verbot der Geschlechtsdiskriminierung bezieht sich die Richtlinie auf ein Merkmal, das täglich millionenfach eine Rolle spielt.

---

[23] Richtlinie 2004/113/EG des Rates vom 13.12.2004 zur Verwirklichung des Grundsatzes der Gleichbehandlung von Männern und Frauen beim Zugang zu und bei der Versorgung mit Gütern und Dienstleistungen, ABl. 2004 L 373/37.

[24] *Riesenhuber,* Das Verbot der Diskriminierung aufgrund der Rasse oder der ethnischen Herkunft sowie aufgrund des Geschlechts beim Zugang zu und der Versorgung mit Gütern und Dienstleistungen, in: Leible/Schlachter (Hrsg.), Diskriminierungsschutz durch Privatrecht, S. 127; *Schmidt-Räntsch,* FS Blank (2006), S. 381, 384; *Riesenhuber/Franck,* Verbot der Geschlechtsdiskriminierung im Europäischen Vertragsrecht, JZ 2004, 529, 529 f.; *dies.,* Das Verbot der Geschlechtsdiskriminierung beim Zugang zu Gütern und Dienstleistungen, EWS 2005, 245; *Nickel,* Handlungsaufträge zur Bekämpfung von ethnischer Diskriminierung in der neuen Gleichbehandlungsrichtlinie 2000/43/EG, NJW 2001, 2668, 2669.

[25] Beispiele sind England und die Niederlande, wo es nicht von ungefähr bereits seit längerem solche Diskriminierungsverbote gibt; s. nur *Schiek,* Differenzierte Gerechtigkeit (2000), S. 96 ff.

5. Partielle Konsolidierung im Bereich der arbeitsrechtlichen Diskriminierungsverbote

Die fünfte und vorerst letzte Phase zeichnet sich durch eine partielle Konsolidierung aus, die der Europäische Gesetzgeber 2004 für die Verbote der Geschlechtsdiskriminierung auf den Weg gebracht[26] und 2006 mit Erlass der umfassenden Richtlinie 2006/54/EG[27] abgeschlossen hat. Die neue Richtlinie fasst die Einzelrichtlinien zum Schutz vor Geschlechtsdiskriminierung im Arbeitsleben zusammen und konsolidiert auch inhaltlich die Schutzkonzepte auf dem Boden der Rechtsprechung des EuGH.

6. Exkurs: Flankierende Regelungen im Europäischen Arbeitsrecht

Zum Umfeld der Diskriminierungsverbote im Europäischen Arbeitsrecht gehört eine Reihe von flankierenden Vorschriften. Auf diese kann vorliegend nur hingewiesen werden.[28] Hier ist zum einen – unmittelbar geschlechtsbezogen – die Mutterschutzrichtlinie[29] zu nennen. Mittelbar geschlechtsbezogen gehören dazu die Teilzeitrichtlinie[30] und die Befris-

---

[26] Vorschlag für eine Richtlinie des Europäischen Parlaments und des Rates zur Verwirklichung des Grundsatzes der Chancengleichheit und Gleichbehandlung von Männern und Frauen in Arbeits- und Beschäftigungsfragen (Neufassung) v. 21.4.2004, KOM(2004), 279 endg.

[27] Richtlinie 2006/54/EG des Europäischen Parlaments und des Rates vom 5.7.2006 zur Verwirklichung des Grundsatzes der Chancengleichheit und Gleichbehandlung von Männern und Frauen in Arbeits- und Beschäftigungsfragen (Neufassung), ABl. 2006 L 204/23.

[28] Nähere Erläuterungen bei *Grundmann*, Europäisches Schuldvertragsrecht (1999); Hanau/Steinmeyer/Wank-*Wank* (Fn. 8), § 16 Rn. 193 ff., 255 ff.

[29] Richtlinie 92/85/EWG des Rates vom 19.10.1992 über die Durchführung von Maßnahmen zur Verbesserung der Sicherheit und des Gesundheitsschutzes von schwangeren Arbeitnehmerinnen, Wöchnerinnen und stillenden Arbeitnehmerinnen am Arbeitsplatz (zehnte Einzelrichtlinie im Sinne des Artikels 16 Absatz 1 der Richtlinie 89/391/EWG), ABl. 1992 L 348/1.

[30] Richtlinie 97/81/EG des Rates vom 15.12.1997 zu der von UNICE, CEEP und EGB geschlossenen Rahmenvereinbarung über Teilzeitarbeit – Anhang : Rahmenvereinbarung über Teilzeitarbeit, ABl. 1998 L 14/9; Richtlinie 98/23/EG des Rates vom 7.4.1998 zur Ausdehnung der Richtlinie 97/81/EG zu der von UNICE, CEEP und EGB geschlossenen Rahmenvereinbarung über Teilzeitarbeit auf das Vereinigte Königreich Großbritannien und Nordirland, ABl. 1998 L 131/10.

tungsrichtlinie[31], die jeweils besondere Diskriminierungsverbote zum Schutz der besonderen Arbeitnehmergruppen enthalten. Und schließlich ist auch die Elternurlaubsrichtlinie[32] in diesem Zusammenhang zu erwähnen.

III. Schutzinstrumente des Europäischen Antidiskriminierungsrechts – Überblick

Wendet man sich den Schutzinstrumenten der Antidiskriminierungs-Richtlinien zu, so lassen sich diese in drei Bereiche unterteilen, den Gleichbehandlungsgrundsatz mit seinem Verbot unmittelbarer und mittelbarer Diskriminierung (1), die Rechtfertigungstatbestände einschließlich der Zulässigkeit positiver Maßnahmen (2) und die Instrumente der Rechtsdurchsetzung, insbesondere Sanktionen, Rechtsschutz und Beweislastumkehr (3).

1. Der Gleichbehandlungsgrundsatz

Die verbotenen Verhaltensweisen fasst der Gesetzgeber unter dem „Grundsatz der Gleichbehandlung“ zusammen. Dieser besagt, dass jede unmittelbare oder mittelbare Diskriminierung verboten ist (Art. 4 Abs. 1 RL 2004/113, Art. 2 Abs. 1 RL 2000/43, Art. 2 Abs. 1 RL 2000/78, Art. 4, 5 und 14 RL 2006/54).[33] Unmittelbare und mittelbare Diskriminierung werden sodann gesetzlich definiert (Art. 2 lit. a, b RL 2004/113, Art. 2 Abs. 2 lit. a, b RL 2000/43, Art. 2 Abs. 2 lit. a, b RL 2000/78, Art. 2 Abs. 1 lit. a, b RL 2006/54).

---

[31] Richtlinie 99/70/EG des Rates vom 28.6.1999 zu der EGB-UNICE-CEEP-Rahmenvereinbarung über befristete Arbeitsverträge, ABl. 1999 L 175/43.

[32] Richtlinie 96/34/EG des Rates vom 3.6.1996 zu der von UNICE, CEEP und EGB geschlossenen Rahmenvereinbarung über Elternurlaub, ABl. 1996 L 145/4.

[33] S. die Systematik von *Neuner*, Vertragsfreiheit und Gleichbehandlungsgrundsatz, in: Leible/Schlachter (Hrsg.), Diskriminierungsschutz durch Privatrecht (2006), S. 84 ff. zu IV.

a) Unmittelbare und mittelbare Diskriminierung

Unmittelbare Diskriminierung liegt vor, wenn eine Person aufgrund des perhorreszierten Merkmals (Geschlecht, Rasse) in einer vergleichbaren Situation eine weniger günstige Behandlung erfährt, als eine andere Person erfährt, erfahren hat oder erfahren würde (Art. 2 lit. a RL 2004/113, Art. 2 Abs. 2 lit. a RL 2000/43, Art. 2 Abs. 2 lit. a RL 2000/78, Art. 2 Abs. 1 lit. a RL 2006/54).[34]

Bei der mittelbaren Diskriminierung geht es um nachteilige Wirkungen (*disparate impact*)[35] äußerlich neutraler Kriterien wie beispielsweise der Körpergröße oder der Hochschulreife. Zur Begründung der nachteiligen Wirkung kommen insbesondere – aber nicht ausschließlich (BE 15 RL 2000/43) – statistische Angaben in Betracht. Da freilich der Tatbestand der mittelbaren Diskriminierung gerade an *neutrale* Kriterien anknüpft, besteht hier eine Gefahr, berechtigte Anliegen des Handelnden zu vereiteln. Schon auf der Ebene des Tatbestands – nicht erst als Rechtfertigungsgrund! – ist daher eine Einschränkung für den Fall vorgesehen, dass *die neutralen Kriterien* zur Erreichung eines legitimen Ziels erforderlich sind (Art. 2 lit. b RL 2004/113, Art. 2 Abs. 2 lit. b RL 2000/43, Art. 2 Abs. 2 lit. b Nr. i RL 2000/78[36]). Es geht hier also nicht um die Rechtfertigung der *Diskriminierung,* sondern um die Rechtfertigung neutraler, diskriminierend wirkender Kriterien.[37] Im Ergebnis bedeutet das freilich eine Freistellung der mittelbaren Diskriminierung in diesem Bereich.

Zum Beispiel kann man daran denken, dass ein Schausteller aus Sicherheitsgründen nur Personen von über 1,80 m Körpergröße mit seiner Achterbahn fahren lässt und dies für eine ethnische Gruppe oder ein Geschlecht nachteilige Auswirkungen hat.

---

[34] Zum Konzept der (hypothetischen) Vergleichsperson *Schiek,* Gleichbehandlungsrichtlinien der EU – Umsetzung im deutschen Arbeitsrecht, NZA 2004, 873, 874.

[35] Zum Modell des US-amerikanischen Arbeitsrechts *Riesenhuber,* Diskriminierungsverbote im Arbeitsrecht der Vereinigten Staaten, RdA 1993, 36, 37.

[36] Als legitimes Ziel sind auch die vom mitgliedstaatlichem Recht gebotenen Maßnahmen zur Behindertengleichstellung anerkannt, Art. 2 Abs. 2 lit. b ii) RL 2000/78.

[37] *Riesenhuber/Franck,* EWS 2005, 245, 247; *Schiek,* NZA 2004, 873, 874 f.; wohl anders *Scholten,* Diskriminierungsschutz im Privatrecht? (2004), S. 40–42.

b) Belästigung und Anweisung zur Diskriminierung

Ebenfalls definiert werden *Belästigungen* bzw. unerwünschte Verhaltensweisen (Art. 2 lit. c, d RL 2004/113, Art. 2 Abs. 3 RL 2000/43, Art. 2 Abs. 3 RL 2000/78, Art. 2 Abs. 2 lit. a RL 2006/54).[38] Sie werden dem grundsätzlichen Diskriminierungsverbot dadurch unterstellt, dass sie als Diskriminierung definiert werden (Art. 4 Abs. 3 RL 2004/113, Art. 2 Abs. 3 RL 2000/43, Art. 2 Abs. 3 RL 2000/78, Art. 2 Abs. 2 lit. a RL 2006/54).[39] Auf dieselbe Weise wird auch die als *Anweisung* bezeichnete Anstiftung verboten (Art. 4 Abs. 4 RL 2004/113, Art. 2 Abs. 4 RL 2000/43, Art. 2 Abs. 4 RL 2000/78, Art. 2 Abs. 2 lit. b RL 2006/54).

2. Rechtfertigungstatbestände

a) Rechtfertigung i.e.S.

Der so abgeschlossene Tatbestand des Diskriminierungsverbots wird durch Rechtfertigungstatbestände ergänzt, die – entsprechend den Sachgegebenheiten – für die einzelnen Diskriminierungsverbote und Anwendungsbereiche je unterschiedlich ausfallen.

aa) Diskriminierungen im Bereich des Arbeitslebens

Weitgehend einheitlich sind Rechtfertigungsgründe für den Bereich des Arbeitslebens als mitgliedstaatliche Regelungsoption zugelassen. So können die Mitgliedstaaten vorsehen, dass die Differenzierung nach Geschlecht oder ethnischer Herkunft keine Diskriminierung bedeutet, wenn das Merkmal eine „wesentliche und entscheidende berufliche Anforderung darstellt" (Art. 15 Abs. 2 RL 2006/54, Art. 4 RL 2000/43, Art. 4 Abs. 1 RL 2000/78). Besonders geregelt ist die Zulässigkeit der Altersdiskriminierung, die insbesondere zu Zwecken aus den Bereichen Beschäftigungspolitik,

---

38 *Riesenhuber/Franck*, JZ 2004, 529, 531; *dies.*, EWS 2005, 245, 248; zur dogmatischen Einordnung kritisch *Thüsing*, Der Fortschritt des Diskriminierungsschutzes im Europäischen Arbeitsrecht, ZfA 2001, 410–412; *Jestaedt*, Diskriminierungsschutz und Privatautonomie, VVDStRL 64 (2005), 298, 313 f.

39 Besonders darin kommt das sozialgestaltende Anliegen der Regelung zum Ausdruck; vgl. *Baer*, Recht gegen Fremdenfeindlichkeit und andere Ausgrenzungen, ZRP 2001, 500, 502; s.a. *Kocher*, Vom Diskriminierungsverbot zum „Mainstreaming", RdA 2002, 167–173.

Arbeitsmarkt und berufliche Bildung gerechtfertigt sein kann (Art. 6 Abs. 1 RL 2000/78).[40]

bb) Diskriminierung beim Zugang zu und der Versorgung mit Gütern und Dienstleistungen

Anders liegen die Dinge im Bereich des allgemeinen Vertragsrechts. Insoweit enthält nur die Richtlinie zur Geschlechtsdiskriminierung einen Rechtfertigungstatbestand (Art. 4 Abs. 5 RL 2004/113). Eine unterschiedliche Behandlung wegen des Geschlechts ist danach zulässig, wenn das geschlechtsspezifische Angebot einem legitimen Ziel dient und das zu dessen Erreichung Erforderliche nicht überschreitet. Bietet mein Sportstudio also die „Bauch-Beine-Po-Gymnastik" nur für Frauen an, so kann diese Ungleichbehandlung ebenso gerechtfertigt sein wie der Ausschluss von Männern aus dem „Frauenhaus", das Gewaltopfer schützt.[41]

Die RL 2000/43/EG lässt eine Rechtfertigung nur für die Diskriminierung im Bereich des Arbeitslebens zu und enthält für den Bereich des Zugangs zu Gütern und Dienstleistungen[42] keinen Rechtfertigungstatbestand.[43] Differenzierungen sind daher nur außerhalb ihres Anwendungsbereichs zulässig (s.o. II.3.a)) oder soweit es um nachteilige Wirkungen neutraler Kriterien geht, deren Anwendung legitim und erforderlich ist (soeben III.1.a)).

b) Positive Maßnahmen

Als optionalen Rechtfertigungstatbestand lassen die Richtlinien positive Maßnahmen zu (*affirmative action*, Art. 6 RL 2004/113, Art. 5 RL 2000/43, Art. 7 RL 2000/78, Art. 3 RL 2006/54). Solche positiven Maßnahmen stellen, sieht man auf die einzelnen Verhältnisse, ebenfalls Diskriminierun-

---

[40] Eingehend M. *Schmidt/Senne*, Das gemeinschaftsrechtliche Verbot der Altersdiskriminierung und seine Bedeutung für das deutsche Arbeitsrecht, RdA 2002, 80–89 und GA *Mazák*, Schlussanträge v. 15.2.2007 – Rs. C-411/05 *Palacios de la Villa*, (noch nicht in Slg.) Rn. 68 ff.

[41] *Riesenhuber/Franck*, EWS 2005, 245–251.

[42] Art. 4 RL 2000/43 betrifft nur den Bereich des Arbeitsrechts; dazu *Scholten* (Fn. 37), S. 38–40.

[43] S. z.B. – für die Umsetzung im Versicherungsrecht – *Armbrüster*, Bedeutung des Allgemeinen Gleichbehandlungsgrundsatzes für private Versicherungsverträge, VersR 2006, 1297, 1299 („absolute Benachteiligungsverbote"); *Thüsing/v. Hoff*, Private Versicherungen und das Allgemeine Gleichbehandlungsgesetz, VersR 2007, 1, 2.

gen dar. Daher dürfen auch sie nicht ohne jede Einschränkung, sondern nur in den Grenzen der Verhältnismäßigkeit genutzt werden.[44]

3. Rechtsdurchsetzung

Ergänzt werden die Regelungen durch Vorschriften über Sanktionen und Rechtsdurchsetzung sowie ein Benachteiligungsverbot.

a) Sanktionen

Dabei geben die Richtlinien die Sanktionen für die Verletzung des Gleichbehandlungsgrundsatzes[45] nicht abschließend vor, sondern verweisen auf die allgemeinen Umsetzungsgebote (Äquivalenz und Effizienz);[46] die Sanktionen müssen danach „wirksam, verhältnismäßig und abschreckend sein" (Art. 25 RL 2006/54, Art. 14 RL 2004/113, Art. 15 RL 2000/43, Art. 17 RL 2000/78).[47] Schon in diesen Vorschriften wird darauf hingewiesen, die Sanktionen könnten auch den Schadensersatz umfassen.[48] Doch dürfte das

---

44 EuGH v. 6.7.2000 – Rs. C-407/98 *Abrahamsson und Anderson,* Slg. 2000, I-5539 Rn. 55 (zu Art. 141 Abs. 4 EG); *Riesenhuber/Franck,* JZ 2004, 529, 535; ähnlich *Thüsing,* Der Fortschritt des Diskriminierungsschutzes im Europäischen Arbeitsrecht, ZfA 2001, 397, 415.

45 Grundlegende Erwägungen auf der Grundlage der Unterscheidung zwischen dem Schutz gegen Ausgrenzung und dem Schutz des Integritätsinteresses bei *Neuner,* JZ 2003, 57, 61–65.

46 *Riesenhuber* (Fn. 9), Rn. 217–247.

47 Zu effektiver Rechtsdurchsetzung und Sanktionen bei Verletzung richtliniendeterminierter Diskriminierungsverbote aus der Rechtsprechung etwa EuGH v. 10.4.1984 – Rs. 14/83 *v. Colson und Kamann,* Slg. 1984, 1891; EuGH v. 8.11.1990 – Rs. 177/88 *Dekker,* Slg. 1990, I-3941 Rn. 23; EuGH v. 22.4.1997 – Rs. C-180/95 *Draehmpaehl,* Slg. 1997, I-2195 Rn. 24 f.

Aus der Literatur etwa *Busche,* in: Leible/Schlachter, Diskriminierungsschutz durch Privatrecht (2006), S. 159–177; *Armbrüster,* Sanktionen wegen Diskriminierung, KritV 2005, 41–51 (zu den gemeinschaftsrechtlichen Vorgaben S. 42 f.; *Benecke/Kern,* Sanktionen im Antidiskriminierungsrecht: Möglichkeiten und Grenzen der Umsetzung der Europäischen Richtlinien im deutschen Recht, EuZW 2005, 360–364; *Scholten* (Fn. 37), S. 54–57.

48 Zur Problematik der Bemessung der Geldentschädigung vergleichend *Steinbrück,* Geldentschädigung bei ethnischen Diskriminierungen – Punitive damages als zivilrechtliche Sanktion?, JURA 2004, 439–446.

keineswegs nur optional zu verstehen sein:[49] Im Zusammenhang mit dem Rechtsschutz formulieren die Richtlinien teilweise die mitgliedstaatliche Pflicht, für den Ausgleich eines dem Diskriminierungsopfer entstandenen Schadens zu sorgen (Art. 8 Abs. 2 RL 2004/113, Art. 18 RL 2006/54)[50].

Im Übrigen bleibt es aber den Mitgliedstaaten überlassen, eine privat- oder öffentlichrechtliche Bewehrung zu wählen. Der Entscheidung *von Colson und Kamann* folgend dürfte auch hier gelten, dass bei der mitgliedstaatlichen Entscheidung zugunsten einer (primär) zivilrechtlichen Sanktionierung von den Richtlinien ein Kontrahierungszwang nicht verlangt wird.[51]

b) Rechtsschutz: Zugang zu Gerichten und Behörden

Im Rahmen des Rechtschutzes[52] wird den Mitgliedstaaten aufgegeben, für den Zugang zu Gerichten oder Gleichstellungsbehörden zu sorgen (Art. 8 Abs. 1 RL 2004/113, Art. 7 Abs. 1 RL 2000/43, Art. 9 Abs. 1 RL 2000/78).[53]

c) Beweislast

Die Achillesferse des Rechtsschutzes ist die Beweislast. Die Richtlinien sehen übereinstimmend vor, dass der Beklagte sich entlasten muss, wenn der Kläger Tatsachen vorträgt, die eine Diskriminierung vermuten lassen.[54] Das ist zur effektiven Durchsetzung der Diskriminierungsverbote wesentlich,[55] zugleich aber auch die wohl kritischste Regelung der Diskriminierungsverbote.[56]

---

[49] S. schon *Riesenhuber* (Fn. 9), S. 123, 135; a.M. *Picker* (Fn. 2), S. 19; wohl auch *Benecke/Kern,* EuZW 2005, 360, 363.

[50] Art. 7 RL 2000/43 enthält keine noch entsprechende Regelung.

[51] EuGH v. 10.4.1984 – Rs. 14/83 *v. Colson und Kamann,* Slg. 1984, 1891 Rn. 8–19; s.a. *Armbrüster,* KritV 2005, 41–51.

[52] Zu Verfahrensmodellen grundlegend *Rädler,* Verfahrensmodelle zum Schutz vor Rassendiskriminierung (1999).

[53] Näher *Scholten* (Fn. 37), S. 183–191.

[54] Eingehend *Prütting,* Beweisrecht und Beweislast im arbeitsgerichtlichen Diskriminierungsprozess, in: Festschrift 50 Jahre Bundesarbeitsgericht (2004), S. 1311–1327; *Scholten* (Fn. 37), S. 80–85.

[55] Vgl. schon EuGH v. 27.10.1993 – Rs. C-127/92 *Enderby,* Slg. 1993, I-5535 Rn. 14.

[56] *Riesenhuber/Franck,* JZ 2004, 529, 532; *dies.,* EWS 2005, 245, 250.

d) Benachteiligungsverbot

Ergänzt werden diese Vorschriften durch ein – teleologisch eigentlich selbstverständliches – Benachteiligungsverbot: Wer seine Rechte aus der Richtlinie geltend macht, darf deswegen nicht benachteiligt werden (Art. 10 RL 2004/113, Art. 9 RL 2000/43, Art. 11 RL 2000/78, Art. 24 RL 2006/54).

e) Gleichstellungsbehörde

Der individuelle Rechtsschutz wird ergänzt durch die Einrichtung einer (oder mehrerer) „Stelle[n]“, deren Aufgabe darin besteht, die Verwirklichung der Gleichbehandlung aller Personen ohne Diskriminierung zu fördern, zu analysieren, zu beobachten und zu unterstützen (Art. 12 Abs. 1 RL 2004/113, Art. 20 Abs. 1 RL 2006/54; ähnlich Art. 13 RL 2000/43). Das muss zwar keine öffentliche Stelle sein. Da die Mitgliedstaaten indes dafür verantwortlich sind, dass die „Stelle“ ihre Aufgaben erfüllt, spricht viel für eine staatliche Einrichtung (daher im Folgenden auch „Gleichstellungsbehörde“).

Zu den Aufgaben der Gleichstellungsbehörde gehört es insbesondere (Art. 12 Abs. 2 RL 2004/113, Art. 13 Abs. 2 RL 2000/43, Art. 20 Abs. 2 RL 2006/54), die Opfer von Diskriminierungen auf unabhängige Weise bei ihrer Rechtsverfolgung zu unterstützen und ihren Beschwerden nachzugehen. Darüber hinaus soll sie unabhängige Untersuchungen zum Thema Diskriminierung durchführen, unabhängige Berichte veröffentlichen und Empfehlungen zu allen Aspekten vorlegen, die mit diesen Diskriminierungen in Zusammenhang stehen.

f) Rechte von Organisationen

Endlich gehören verschiedene Rechte von Organisationen zum Standardrepertoire der Diskriminierungsverbote im Europäischen Privatrecht. Interessierte Organisationen können im Namen oder zur Unterstützung der beschwerten Personen das Rechtsschutzverfahren betreiben, wenn die beschwerte Person einwilligt (Art. 8 Abs. 3 RL 2004/113, Art. 7 Abs. 2 RL 2000/43, Art. 9 Abs. 2 RL 2000/78, Art. 17 Abs. 2 RL 2006/54).[57]

---

[57] *Kocher*, Instrumente einer Europäisierung des Prozessrechts – Zu den Anforderungen an den kollektiven Rechtsschutz im Antidiskriminierungsrecht, ZEuP 2004, 260–275; *Scholten* (Fn. 37), S. 194–198. Das von *Picker* (Fn. 2), S. 23, gerügte Klagerecht unabhängig vom Willen des Opfers ist von den Richtlinien mithin nicht vorgegeben und wohl nicht einmal zugelassen.

Zudem wird den Mitgliedstaaten aufgegeben, den Dialog mit den einschlägigen Interessengruppen zu fördern (Art. 11 RL 2004/113, Art. 12 RL 2000/43, Art. 14 RL 2000/78, Art. 22 RL 2006/54).[58]

IV. Europarechtsdogmatische und methodische Fragen

Gerade für die Praxis sind schließlich einige ausgewählte Fragen der Dogmatik und der Methodik des Gemeinschaftsrechts von Bedeutung.[59] Das sind zum einen verschiedene Besonderheiten der Rechtsetzung durch Richtlinien, die im Privatrechtsverhältnis grundsätzlich nicht unmittelbar anwendbar sind (1), aber die Auslegung und Fortbildung des nationalen Rechts mitbestimmen können (2). Unmittelbar anwendbar sein könnte aber ein primärrechtlich als Allgemeiner Rechtsgrundsatz begründetes Diskriminierungsverbot (3). Sodann hat gerade die frühere deutsche Umsetzung von Diskriminierungsverboten auf die Problematik der nicht-spezifizierten Rechtsfolgenanordnungen in Richtlinien aufmerksam gemacht (4). Und schließlich ist ein Blick zu werfen auf das Problem der überschießenden Umsetzung, das auch für das AGG von Bedeutung ist (5).

1. Grundsatz: Keine unmittelbare Anwendbarkeit von Richtlinien im Privatrechtsverhältnis

Wir haben bereits eingangs angedeutet, dass das Gemeinschaftsrecht ganz erhebliche praktische Bedeutung bei der Anwendung des nationalen Rechts haben kann. Sie wird freilich oft übersehen.[60] Das dürfte einen – durchaus nicht ganz unverständlichen – Grund darin haben, dass die

---

[58] *König,* Antidiskriminierungsrichtlinien vor der Umsetzung, ZRP 2003, 315–318. Im Bereich des Arbeitsrechts ist der Soziale Dialog noch bedeutender, s. z.B. Art. 11 RL 2000/43.

[59] Hier können nur ausgewählte Fragen erörtert werden. Zu Einzelheiten, insbesondere auch zur Auslegung und Fortbildung des Gemeinschaftsrechts, *Riesenhuber* (Hrsg.), Europäische Methodenlehre – Handbuch (2006); ferner auch *Bauer/Göpfert/Krieger,* AGG (2007), Einl. Rn. 44–63; Däubler/Bertzbach-*Däubler,* AGG (2007), Einl. Rn. 76–139; Schiek-*Schiek* (Fn. 5), Einl. AGG Rn. 69–81.

[60] S. exemplarisch die Problematik der richtlinienkonformen Auslegung von §§ 17, 18 KSchG im Hinblick auf die Massenentlassungsrichtlinie; dazu nur *Riesenhuber/Domröse,* Richtlinienkonforme Auslegung der §§ 17, 18 KSchG und Rechtsfolgen fehlerhafter Massenentlassungen, NZA 2005, 568–570.

gemeinschaftsrechtlichen Einwirkungen auf das mitgliedstaatliche Recht weitgehend von Richtlinien herrühren. Richtlinien definiert Art. 249 Abs. 3 EG so:

> „Die Richtlinie ist für jeden Mitgliedstaat, an den sie gerichtet wird, hinsichtlich des zu erreichenden Ziels verbindlich, überlässt jedoch den innerstaatlichen Stellen die Wahl der Form und der Mittel."

Richtlinien sind daher – anders als Verordnungen, Art. 249 Abs. 2 EG – nicht unmittelbar anwendbares Recht. Sie enthalten vielmehr Rechtsetzungsaufträge an den nationalen Gesetzgeber.[61] Eine „horizontale Direktwirkung" zwischen Privatleuten, also etwa zwischen einem Vermieter und einem Mieter, einem Arbeitgeber und einem Arbeitnehmer, kommt den Richtlinien nicht zu. Den Grundsatz hat der EuGH kürzlich in der Rechtssache *Pfeiffer* bestätigt:

> „Der Gerichtshof hat insoweit in ständiger Rechtsprechung entschieden, dass eine Richtlinie nicht selbst Verpflichtungen für einen Einzelnen begründen kann, so dass ihm gegenüber eine Berufung auf die Richtlinie als solche nicht möglich ist.
> Daraus folgt, dass sogar eine klare, genaue und unbedingte Richtlinienbestimmung, mit der dem Einzelnen Rechte gewährt oder Verpflichtungen auferlegt werden sollen, im Rahmen eines Rechtsstreits, in dem sich ausschließlich Private gegenüberstehen, nicht als solche Anwendung finden kann."[62]

Da allerdings die Richtlinien die Mitgliedstaaten binden, kommt – nach allgemeinen Grundsätzen – eine Direktwirkung im Privatrechtsverhältnis durchaus dann in Betracht, wenn es um die Bindung des Mitgliedstaats als Beteiligten geht (Verwaltungsprivatrecht).[63] So sind die Mitgliedstaaten etwa als Arbeitgeber unmittelbar an die Antidiskriminierungsrichtlinien gebunden, wenn die allgemeinen Voraussetzungen unmittelbarer Anwendbarkeit erfüllt sind:[64] Die fragliche Richtlinienbestimmung darf trotz Ablauf der Umsetzungsfrist nicht vollständig und richtig umgesetzt worden

---

[61] S. nur *Köndgen,* Die Rechtsquellen des Europäischen Privatrechts, in: Riesenhuber (Hrsg.), Europäische Methodenlehre, § 7 Rn. 28–43; *Riesenhuber* (Fn. 9), Rn. 37–40.

[62] EuGH v. 9.3.2004 – verb. Rs. C-397/01 bis C-403/01 *Pfeiffer,* Slg. 2004, I-8835 Rn. 108 f.; EuGH v. 26.9.1996 – Rs. C-168/95 *Arcaro,* Slg. 1996, I-4705 Rn. 36; EuGH v. 7.3.1996 – Rs. C-192/94 *El Corte Inglés,* Slg. 1996, I-1281 Rn. 16; EuGH v. 14.7.1994 – C-91/92 *Faccini Dori,* Slg. 1994, I-3325 Rn. 20.

[63] EuGH v. 22.6.1989 – Rs. 103/88 *Fratelli Costanzo,* Slg. 1989, 1839 Rn. 31; EuGH v. 12.7.1990 Rs. C-188/89 *Foster,* Slg. 1990, I-3313 Rn. 19. Aus dem Schrifttum *Grundmann* (Fn. 28), Rn. 150; Streinz-*Schroeder* (Fn. 8), Art. 249 EG Rn. 114.

[64] So z.B. im Fall EuGH v. 26.2.1986 – Rs. 152/84 *Marshall II,* Slg. 1986,

sein, sie muss inhaltlich unbedingt und hinreichend genau formuliert sein und – das ist umstritten – muss dem Einzelnen subjektive Rechte einräumen.[65]

„Dagegen kann sie gegenüber Organisationen oder Einrichtungen geltend gemacht werden, die dem Staat oder seiner Aufsicht unterstehen oder mit besonderen Rechten ausgestattet sind, die über diejenigen hinausgehen, die sich aus den für die Beziehungen zwischen Privatpersonen geltenden Vorschriften ergeben. Hierzu gehören Gebietskörperschaften oder Einrichtungen, denen unabhängig von ihrer Rechtsform durch Hoheitsakt die Erbringung einer Dienstleistung im öffentlichen Interesse unter der Aufsicht des Staates übertragen worden ist."[66]

2. *Richtlinienkonforme Rechtsfindung*

Haben die Richtlinien mithin grundsätzlich keine Direktwirkung im Verhältnis zwischen Privaten, so können sie doch über den Umweg der richtlinienkonformen Rechtsfindung durchaus so auf das mitgliedstaatliche Recht einwirken, dass sie auch das Horizontalverhältnis betreffen, soweit sie nicht vollständig und richtig umgesetzt sind.[67]

a) Umsetzungsdefizite im AGG

Umsetzungsdefizite zeichnen sich bereits jetzt auch beim AGG ab.[68]

So ist die Ausnahme des Kündigungsschutzes vom Anwendungsbereich des AGG in § 2 Abs. 4 AGG mit den Richtlinienvorgaben unvereinbar, sofern damit eine Freistellung vom Diskriminierungsverbot gemeint sein sollte; Art. 3

---

723 Rn. 49. Ferner etwa (zur Betriebsübergangsrichtlinie) EuGH v. 26.5.2005 – Rs. C-297/03 *Sozialhilfeverband Rohrbach,* Slg. 2005, I-4305 Rn. 27–35.

[65] S. zum Ganzen Streinz-*Schroeder* (Fn. 8), Art. 249 EG Rn. 106 ff.

[66] EuGH v. 4.12.1997 – verb. Rs. C-253/96 bis C-258/96 *Kampelmann,* Slg. 1997, I-6907 Rn. 46.

[67] Eingehend *Riesenhuber/Domröse,* Richtlinienkonforme Rechtsfindung und nationale Methodenlehre RIW 2005, 47, 50 ff.; W.H. *Roth,* Die richtlinienkonforme Auslegung, in: Riesenhuber (Hrsg.), Europäische Methodenlehre – Handbuch (2006), § 14 Rn. 35.

[68] Zu Umsetzungsdefiziten des AGG *Bauer/Göpfert/Krieger* (Fn. 59), Einl. Rn. 43; in diesem Band etwa auch die Hinweise von *Schiek,* in diesem Band, nachfolgend § 2 sub IV. 2. und 3. (S. 47 ff.); *v. Steinrück,* § 4 *passim.*

Abs. 1 lit. c RL 76/207 i.d.F. RL 2002/73[69], Art. 14 Abs. 1 lit. c RL 2006/54, Art. 3 Abs. 1 lit. c RL 2000/43, Art. 3 Abs. 1 lit. c RL 2000/78.[70]
Nach der Rechtsprechung des EuGH ist zudem das Verschuldenserfordernis für den Schadensersatzanspruch gem. §§ 15 Abs. 1 Satz 2, 21 Abs. 2 Satz 2 AGG mit den Richtlinienvorgaben unvereinbar.[71]

b) Die Bindung der Gerichte zur richtlinienkonformen Rechtsfindung

Die Pflicht zur richtlinienkonformen Rechtsfindung folgt daraus, dass die Richtlinien an die Mitgliedstaaten gerichtet sind. Das bedeutet nicht nur eine Bindung der Legislative, sondern aller staatlichen Gewalt, also insbesondere auch der Judikative.[72]

> „Jedoch obliegen nach ebenfalls ständiger Rechtsprechung seit dem Urteil vom 10. April 1984 in der Rechtssache 14/83 (Von Colson und Kamann, Slg. 1984, 1891, Randnr. 26) die sich aus einer Richtlinie ergebende Verpflichtung der Mitgliedstaaten, das in dieser Richtlinie vorgesehene Ziel zu erreichen, und die Pflicht der Mitgliedstaaten gemäß Artikel 10 EG, alle zur Erfüllung dieser Verpflichtung geeigneten Maßnahmen allgemeiner oder besonderer Art zu treffen, allen Trägern öffentlicher Gewalt in den Mitgliedstaaten und damit im Rahmen ihrer Zuständigkeiten auch den Gerichten (...).
> Vor allem den nationalen Gerichten obliegt es nämlich, den Rechtsschutz zu gewährleisten, der sich für den Einzelnen aus den gemeinschaftsrechtlichen Bestimmungen ergibt, und deren volle Wirkung sicherzustellen."[73]

Mit dem Ablauf der Umsetzungsfrist sind die mitgliedstaatlichen Gerichte verpflichtet, das nationale Recht richtlinienkonform auszulegen und fortzubilden.[74] Von dieser Pflicht wird nicht nur das spezifisch zur Umsetzung

---

[69] Richtlinie 2002/73/EG des Europäischen Parlaments und des Rates vom 23.9.2002 zur Änderung der Richtlinie 76/207/EWG des Rates zur Verwirklichung des Grundsatzes der Gleichbehandlung von Männern und Frauen hinsichtlich des Zugangs zur Beschäftigung, zur Berufsbildung und zum beruflichen Aufstieg sowie in Bezug auf die Arbeitsbedingungen (Text von Bedeutung für den EWR), ABl. 2002 L 269/15.

[70] Dazu jetzt – allerdings methodisch unsicher – ArbG Osnabrück v. 5.2.2007 – 3 Ca 724/06.

[71] EuGH v. 22.4.1997 – Rs. C-180/95 *Draempaehl*, Slg. 1997, 2195 Rn. 16–22; EuGH v. 9.11.1990 – Rs. C-177/88 *Dekker*, Slg. 1990, I-3941 Rn. 22–26. S.a. unten, IV.4. zu den Umsetzungsgeboten.

[72] EuGH v. 10.4.1984 – Rs. 14/83 *v. Colson und Kamann*, Slg. 1984, 1891 Rn. 26.

[73] EuGH v. 9.3.2004 – verb. Rs. C-397/01 bis C-403/01 *Pfeiffer*, Slg. 2004, I-8835 Rn. 110 f.

[74] W.H. *Roth* (Fn. 67), § 14 Rn. 11; vgl. EuGH v. 4.7.2006 – Rs. C-212/04 *Adeneler*, Slg. 2006, I-6057 Rn. 115 für die verspätete Umsetzung.

erlassene Recht erfasst, sondern sämtliches mitgliedstaatliches Recht.[75] Dabei ist es gleich, ob dieses vor oder nach Inkrafttreten der Richtlinie geschaffen wurde.[76]

> „Bei der Anwendung des innerstaatlichen Rechts, insbesondere der Bestimmungen einer speziell zur Umsetzung der Vorgaben einer Richtlinie erlassenen Regelung, muss das nationale Gericht das innerstaatliche Recht außerdem so weit wie möglich anhand des Wortlauts und des Zweckes dieser Richtlinie auslegen, um das in ihr festgelegte Ergebnis zu erreichen und so Artikel 249 Absatz 3 EG nachzukommen."[77]

c) Die Grenzen der richtlinienkonformen Rechtsfindung

Die Grenzen des Gebots der richtlinienkonformen Rechtsfindung sind allerdings umstritten. Nach ständiger Rechtsprechung des EuGH haben die Gerichte das nationale Recht mit den Mitteln der nationalen Methodenlehre soweit wie möglich so auszulegen und fortzubilden, dass es den Vorgaben der Richtlinien entspricht.[78] Das Gericht muss daher alle ihm von der nationalen Methodenlehre eingeräumten Mittel nutzen, um ein richtlinienkonformes Ergebnis zu erzielen. Davon umfasst ist auch ein Judizieren *contra legem* – nach deutschem Verständnis – soweit die nationale Methodenlehre dies zulässt.[79]

Allerdings hat der EuGH in der Rechtssache *Adeneler* kürzlich gesagt, die richtlinienkonforme Auslegung dürfe „nicht als Grundlage für eine Auslegung *contra legem* des nationalen Rechts dienen".[80] Dabei ist er indes nicht von dem in der Rechtsprechung fest etablierten Grundsatz abgerückt, die richtlinienkonforme Rechtsfindung sei mit allen Mitteln nationaler Methodenlehre anzustreben.[81] Wenn nun aber – wie in Deutschland der

---

[75] EuGH v. 9.3.2004 – verb. Rs. C-397/01 bis 403/01 *Pfeiffer*, Slg. 2004, I-8835 Rn. 115.

[76] EuGH v. 1.11.1990 – Rs. C-106/89 *Marleasing*, Slg. 1990, I-4135 Rn. 8.

[77] EuGH v. 9.3.2004 – verb. Rs. C-397/01 bis C-403/01 *Pfeiffer*, Slg. 2004, I-8835 Rn. 113.

[78] Grundlegend EuGH v. 10.4.1984 – Rs. 14/83 *v. Colson und Kamann*, Slg. 1984, 1891 Rn. 26; EuGH v. 1.11.1990 – Rs. C-106/89 *Marleasing*, Slg. 1990, I-4135 Rn. 8; EuGH v. 9.3.2004 – verb. Rs. C-397/01 bis 403/01 *Pfeiffer*, Slg. 2004, I-8835 Rn. 113 ff.

[79] *Riesenhuber/Domröse*, RIW 2005, 47, 51 f.; a.M. *Canaris*, Gemeinsamkeiten zwischen verfassungs- und richtlinienkonformer Rechtsfindung, in: Bauer (Hrsg.), Festschrift für Schmidt (2006), S. 41, 58.

[80] EuGH v. 4.7.2006 – Rs. C-212/04 *Adeneler*, Slg. 2006, I-6057 Rn. 110.

[81] EuGH v. 4.7.2006 – Rs. C-212/04 *Adeneler*, Slg. 2006, I-6057 Rn. 110 f.

Fall – eine Rechtsfindung ausnahmsweise auch *contra legem* zulässig ist, so soll das offenbar nicht versperrt werden. Es ist daher davon auszugehen, dass der Gerichtshof nur ausdrücken wollte, dass er die Grenzen nationaler Methodenlehre, wie sie in einem Verbot des *contra legem*-Judizierens liegen *können*, respektiert.

Die Frage der Grenzziehung erlangt bei der Anwendung von § 2 Abs. 4 AGG entscheidende Bedeutung. Lehnt man eine richtlinienkonforme Rechtsfindung *contra legem* ab, so bleibt es bei dem richtlinienwidrigen Ergebnis.[82]

d) Zum Beispiel: v. Colson und Kamann

Der – freilich schon ältere – Fall *von Colson und Kamann*[83] illustriert die Reichweite der mitgliedstaatlichen Bindung.[84] Wurde ein Bewerber bei der Besetzung einer Stelle aufgrund seines Geschlechts nicht berücksichtigt, so sah § 611a Abs. 2 BGB a.F. einen Anspruch auf Ersatz des Vertrauensschadens (z.B. Porto oder Reisekosten) für den abgelehnten Bewerber vor. Der Gerichtshof hielt diese Entschädigungsregelung für nicht ausreichend abschreckend, um das Diskriminierungsverbot der 76/207/EWG durchzusetzen (s. noch unten, 4). Dem gemeinschaftsrechtlichen Sanktionsgebot stand die Beschränkung der Sanktionsanordnung in § 611a Abs. 2 BGB a.F. auf das negative Interesse entgegen. Das BAG trug den Vorgaben der richtlinienkonformen Auslegung Rechnung, indem es (wohl gegen die Intention des Gesetzgebers)[85] §§ 823 Abs. 1, 847 BGB für eine ergänzende Sanktion fruchtbar machte.

---

[82] Ein richtlinienkonformes Ergebnis erzielt – freilich in methodisch unklarer Weise – ArbG Osnabrück v. 5.2.2007 – 3 Ca 724/06.

[83] Vorlage des ArbG Hamm, DB 1983, 1102; EuGH v. 10.4.1984 – Rs. 14/83 *v. Colson und Kamann,* Slg. 1984, 1891; Folgeentscheidung BAG, DB 1989, 2279 = AP Nr. 5 zu § 611a BGB. Der Gesetzgeber trug den gemeinschaftsrechtlichen Geboten schließlich durch Neufassung des § 611a Abs. 2 durch das 2. GleichbG v. 14.6.1994, BGBl. I, S. 1406, Rechnung; zum Ganzen eingehend Hanau/Steinmeyer/Wank-*Wank* (Fn. 8), S. 608–610.

[84] Ein instruktives Beispiel aus jüngerer Zeit – freilich die Massenentlassungsrichtlinie betreffend – ist der Fall *Junk:* Vorlage des ArbG Berlin v. 14.1.2004 AZ: 36 Ca 15593/03; EuGH v. 27.1.2005 – Rs. C-188/03 *Junk,* Slg. 2005, I-885; BAG, NZA 2006, 971–976; dazu eingehend *Riesenhuber/Domröse,* Die „Entlassung" nach der Massenentlassungsrichtlinie, EWS 2005, 97–103; *dies.,* Zur richtlinienkonformen Auslegung von §§ 17, 18 KSchG und den Rechtsfolgen fehlerhafter Massenentlassungen, NZA 2005, 568–570; *Riesenhuber,* Anmerkung zu BAG v. 23.3.2006 – 2 AZR 343/05, AP Nr. 21 zu § 17 KSchG 1969.

[85] BR-Drs. 353/79, S. 14 f. E. *Herrmann,* Die Abschlussfreiheit – ein gefährdetes Prinzip, ZfA 1996, 19, 41 ff., sieht zwar § 611a BGB a.F. nicht als

3. Unmittelbare Wirkung primärrechtlicher Diskriminierungsverbote?

a) Einführung

Wie wir in der einführenden Übersicht (oben, II.) gesehen haben, finden sich Diskriminierungsverbote nicht nur im Sekundärrecht, sondern auch im Primärrecht. Wir haben auch bereits gesehen, dass einige dieser primärrechtlichen Diskriminierungsverbote unmittelbar anwendbar sind, und zwar sowohl im Verhältnis zwischen Mitgliedstaat und dem Einzelnen als auch zwischen Privaten (oben, II.1.b)). Das hat in der Gerichtspraxis vor allem für Art. 141 EG eine Rolle gespielt. Zudem hat der Gerichtshof aber auch die aus den Grundfreiheiten fließenden Diskriminierungsverbote teilweise mit einer unmittelbaren Drittwirkung ausgestattet (insbesondere Fall *Angonese*).

b) Die Entscheidung Mangold

Erheblich weitergehende Wirkungen des Primärrechts hat der Gerichtshof in der Entscheidung *Mangold* angedeutet, die auf eine Vorlage des Arbeitsgerichts München zurückging. Dort ging es um die Frage, ob die erleichterte Zulassung der Altersbefristung im Arbeitsverhältnis mit den gemeinschaftsrechtlichen Vorgaben der Teilzeitrichtlinie einerseits und der Gleichbehandlungsrahmenrichtlinie 2000/78 andererseits vereinbar ist. Für unsere Erörterung ist nur der zweite Aspekt von Interesse.[86]

Der Gerichtshof stellte fest, dass die Regelung im Teilzeit- und Befristungsgesetz eine unmittelbar auf dem Alter beruhende Ungleichbehandlung darstellte. Diese Ungleichbehandlung könne zwar grundsätzlich nach Art. 6 RL 2000/78 mit beschäftigungspolitischen Erwägungen gerechtfertigt werden, dabei handele es sich um ein – nach der Richtlinie – legitimes Allgemeininteresse. Die deutsche Regelung sei aber unverhältnismäßig. Sie laufe „darauf hinaus, dass allen Arbeitnehmern, die das 52. Lebensjahr vollendet haben, unterschiedslos – gleichgültig, ob und wie lange sie vor Abschluss des Arbeitsvertrags arbeitslos waren – bis zum Erreichen

---

abschließend an, rügt aber (a) dass die Rechtsprechung eine Persönlichkeitsverletzung in den Diskriminierungsfällen nicht mehr eigens prüfe (i.E. eine besonders weit reichende Rechtsfortbildung!) und (b) bei Anspruchskonkurrenz von § 611a BGB a.F. und § 823 Abs. 1 BGB (Persönlichkeitsrechtsverletzung) die Rechtsfolgen des Deliktsrechts jenen des § 611a BGB anzupassen seien.

[86] Zur *Mangold*-Entscheidung noch näher *Riesenhuber*, Case: ECJ-Mangold, ERCL 2007, 62 ff.

des Alters, ab dem sie ihre Rentenansprüche geltend machen können, befristete, unbegrenzt häufig verlängerbare Arbeitsverträge angeboten werden können". Damit drohe der großen Gruppe der über 52-jährigen Arbeitnehmer praktisch, für einen erheblichen Teil ihres Berufslebens von festen Beschäftigungsverhältnissen ausgeschlossen zu sein.

Der Gerichtshof stößt dann indes auf das Problem, dass die Umsetzungsfrist der Richtlinie noch nicht abgelaufen war, als der im Ausgangsrechtsstreit maßgebliche Vertrag geschlossen wurde. Das sei aber aus zwei Gründen irrelevant. Zum einen weist der EuGH auf seine Rechtsprechung zur Vorwirkung von Richtlinien hin.[87] Zum anderen – und darauf kommt es hier an – werde das Verbot der Diskriminierung wegen des Alters nicht erst von der Richtlinie 2000/78 begründet, sondern dort vorausgesetzt. Es handele sich um einen allgemeinen Grundsatz des Gemeinschaftsrechts, dessen Durchsetzung nicht von der Umsetzungsfrist der Richtlinie abhänge.

c) Entscheidungsanalyse: Primärrechtliches Verbot der Altersdiskriminierung

Was die Entscheidung bedeutet, war zunächst umstritten. Manche sahen darin den letzten Schritt des Gerichtshofs zur Anerkennung einer horizontalen Direktwirkung von Richtlinien.[88] Richtig verstanden geht der Gerichtshof indes einen anderen, sogar ungleich folgenreicheren Weg. Anstatt das Diskriminierungsverbot der Richtlinie zu entnehmen, begründet er es als primärrechtlichen Rechtssatz und verschafft ihm so einen von der gemeinschaftsrechtlichen Rechtsetzung unabhängigen Rang.[89] Die Konsequenzen sind ganz erheblich. Die Anerkennung eines gemeinschaftsrechtlichen Verbots der Altersdiskriminierung bedeutet nämlich nicht nur, dass dieses Verbot von einer Umsetzungsfrist unabhängig ist. Es ist zudem für den Gesetzgeber nicht oder doch nur sehr beschränkt regelbar.

Das ist beispielsweise vom Verbot der Lohndiskriminierung in Art. 141 EG bekannt, aber etwa auch von der Arbeitnehmerfreizügigkeit des Art. 39 EG. In beiden Fällen hat der Gemeinschaftsgesetzgeber nachträglich auch sekundärrechtliche Gewährleistungen erlassen. Doch haben diese in der Entschei-

---

[87] Dazu nur *Hofmann,* Die Vorwirkung von Richtlinien, in: Riesenhuber (Hrsg.), Europäische Methodenlehre – Handbuch (2006), § 16.

[88] *Bauer/Arnold,* Auf Junk folgt Mangold – Europarecht verdrängt deutsches Arbeitsrecht, NJW 2006, 6, 8; *Bayreuther,* Kündigungsschutz im Spannungsfeld zwischen Gleichbehandlungsgesetz und europäischem Antidiskriminierungsrecht, DB 2006, 1842 f.; dagegen zutreffend Schiek-*Schiek* (Fn. 5), Einl. AGG Rn. 77.

[89] Schiek-*Schiek* (Fn. 5), Einl. AGG Rn. 78.

dungspraxis des Gerichtshofs in vielen Fällen keine eigene Bedeutung entfaltet, da der Gerichtshof Streitfragen schon primärrechtlich entschieden hat.

Die Entscheidung ist daher zu Recht auf energischen Widerspruch gestoßen, und zwar nicht nur von Seiten der Literatur.[90] Auch Generalanwalt *Geelhoed* hat dem Gerichtshof in seinen Schlussanträgen in der Rechtssache *Chacón Navas* widersprochen.[91] Er weist eingehend darauf hin, dass Art. 13 EG vom Vertragsgeber „zurückhaltend" ausgestaltet wurde. Auch in der Sache sei diese Zurückhaltung geboten, da die vielfältigen dort genannten Diskriminierungsgründe mit Rücksicht auf ihre weit reichenden wirtschaftlichen und finanziellen Konsequenzen der näheren Ausgestaltung durch den Gesetzgeber bedürften. Der Gesetzgeber müsse die oft schwierige – *Geelhoed* spricht sogar von „schmerzhaften, wenn nicht gar tragischen Entscheidungen" – Abwägung von Partizipationsinteressen der Geschützten und wirtschaftlichen Interessen der Gebundenen treffen. Deswegen müsse auch der EuGH die gesetzgeberische Ausgestaltung, wie sie etwa in der Richtlinien 2000/78 Ausdruck gefunden hat, beachten, er dürfe sie nicht eigenmächtig ausweiten. Ebenso wenig dürfe der Gerichtshof den Anwendungsbereich von Art. 13 EG ausdehnen. Sonst würde der Gesetzgeber nicht zuletzt das Verhältnis von Gemeinschaft und Mitgliedstaaten aushebeln:

> „Eine so weite Auslegung des Artikels 13 EG und der Regelungen, die der Gemeinschaftsgesetzgeber zur Durchführung dieses Artikels erlassen hat, hätte zur Folge, dass sozusagen ein archimedischer Punkt geschaffen würde, von dem aus das in Artikel 13 EG umschriebene Diskriminierungsverbot gehandhabt werden könnte, um ohne Einschaltung des Vertragsgebers oder des Gemeinschaftsgesetzgebers die Abwägungen zu korrigieren, die die Mitgliedstaaten in Ausübung der ihnen – noch – verbliebenen Zuständigkeiten vorgenommen haben."[92]

---

[90] Aus der Literatur: *Preis*, Verbot der Altersdiskriminierung als Gemeinschaftsgrundrecht, NZA 2006, 401, 404 f.; *Bauer/Arnold*, NJW 2006, 6, 8 ff.; *Hailbronner*, Hat der EuGH eine Normverwerfungskompetenz, NZA 2006, 811, 813 ff.; *Thüsing*, Europarechtlicher Gleichbehandlungsgrundsatz als Bindung des Arbeitgebers, ZIP 2005, 2149 ff; (wohl) zustimmend Däubler-*Däubler* (Fn. 59), Einl. Rn. 118 mit 101 f.; *Schiek*, Grundsätzliche Bedeutung der gemeinschaftsrechtlichen Diskriminierungsverbote nach der Entscheidung Mangold, ArbuR 2006, 145, 147.

[91] GA *Geelhoed*, Schlussanträge v. 16.3.2006 – Rs. C-13/05 *Chacón Navas*, Slg. 2006, I-6467 Rn. 46–56. Jetzt auch GA *Mazák*, Schlussanträge v. 15.2.2007 – Rs. C-411/05 *Palacios de la Villa* Rn. 36–38, 79–100.

[92] GA *Geelhoed*, Schlussanträge v. 16.3.2006 – Rs. C-13/05 *Chacón Navas*, Slg. 2006, I-6467 Rn. 54.

Generalanwalt *Geelhoed* schließt, er befürworte aus diesen Erwägungen eine zurückhaltendere Auslegung und Anwendung der Richtlinie 2000/78, als sie der Gerichtshof in der Rechtssache *Mangold* vorgenommen habe.[93]

Die Kritik an der *Mangold*-Entscheidung hat kürzliche Generalanwalt *Mazák* in seinen Schlussanträgen im Fall *Palacios de la Villa* wiederholt und vertieft.[94] Er betont zwar die Bedeutung allgemeiner Rechtsgrundsätze für die Entwicklung des Gemeinschaftsrechts, fragt aber, ob die Gründe der Entscheidung Mangold „vernünftig und schlüssig" sind (Rn. 87). Die Ableitung spezieller Diskriminierungsverbote aus dem allgemeinen Gleichbehandlungsgrundsatz bezeichnet er als „gewagten Vorschlag" (Rn. 89). Mit Recht hebt er hervor, dass die Festlegung von Diskriminierungsmerkmalen ein Werturteil erfordert (Rn. 91). Daher sei zwischen der Induktion eines allgemeinen Grundsatzes aus mehreren Einzelregeln einerseits und der Deduktion eines *neuen* Diskriminierungsverbots aus dem allgemeinen Grundsatz andererseits zu unterscheiden (Rn. 92–94). GA *Mazák* warnt zu Recht, nach der *ratio* des *Mangold*-Urteils ließen sich alle Diskriminierungsverbote der Richtlinie 2000/78/EG auch als primärrechtliche allgemeine Rechtsgrundsätze begründen (Rn. 96). „Angesichts der vorstehenden Erwägungen halte ich die im Urteil Mangold gezogene Schlussfolgerung bezüglich des Bestehens eines allgemeinen Verbots der Diskriminierung aufgrund des Alters nicht für unbedingt zwingend." (Rn. 97).

d) Rückzug des EuGH

Der EuGH hat sich, wie man seiner anschließenden Entscheidung in der Rechtssache *Chacón Navas* entnehmen kann, diesen Erwägungen nicht verschlossen, auch wenn er dort nicht ausdrücklich dazu Stellung nimmt. Es ging um u.a. die Frage, ob die krankheitsbedingte Kündigung eine nach der Richtlinie 2000/78 oder sonst dem Gemeinschaftsrecht unzulässige Diskriminierung darstelle. Der Gerichtshof unterscheidet die krankheitsbedingte Kündigung zunächst von der Kündigung wegen Behinderung, die von der Richtlinie 2000/78 erfasst ist. Er wendet sich dann der Frage zu, ob sich dem Gemeinschaftsrecht sonst ein Verbot der Diskriminierung wegen Krankheit entnehmen lasse und verneint das zutreffend. In greifbarer Anknüpfung an die Ausführungen des Generalanwalts weist er darauf hin, dass Art. 13 EG lediglich eine Regelung der Zuständigkeiten der Gemeinschaft enthalte. Schon deswegen lehnt der Gerichtshof einen primärrechtlichen Schutz vor Diskriminierung wegen Krankheit ab; die weiteren Ausführungen erfolgen nur noch „im Übrigen".

---

93 GA *Geelhoed*, Schlussanträge v. 16.3.2006 – Rs. C-13/05 *Chacón Navas*, Slg. 2006, I-6467 Rn. 56.

94 GA *Mazák*, Schlussanträge v. 15.2.2007 – Rs. C-411/05 *Palacios de la Villa*, (noch nicht in Slg.), bes. Rn. 26 f., 79–100.

Auch das als Allgemeiner Grundsatz des Gemeinschaftsrechts anerkannte allgemeine Diskriminierungsverbot (oben, II.1.e)) ergebe nichts anderes und könne insbesondere nicht dazu dienen, den Anwendungsbereich der Gleichbehandlungsrahmenrichtlinie auszuweiten.[95]

Insgesamt dürfte darin ein vorsichtiger Rückzug des EuGH von den weitgehenden Aussagen der *Mangold*-Entscheidung zu sehen sein.[96] Man darf daher bezweifeln, ob der Gerichtshof künftig daran festhält, die Diskriminierungsverbote, auf die Art. 13 EG abzielt, schon als primärrechtliche Allgemeine Grundsätze anzuerkennen.[97]

4. *Umsetzungsgebote, insbesondere nicht-spezifizierte Rechtsfolgen*

a) Nicht-spezifizierte Rechtsfolgenanordnungen

Als eine zentrale Problematik des Gemeinschaftsrechts haben sich die Umsetzungsgebote der Richtlinien erwiesen, und zwar gerade im Bereich der Diskriminierungsverbote. Die gemeinschaftsrechtlichen Richtlinien sind nach Art. 249 Abs. 3 EG an die Mitgliedstaaten gerichtet und für diese hinsichtlich des zu erreichenden Ziels verbindlich. Sie überlassen jedoch den innerstaatlichen Stellen die Wahl der Form und der Mittel. Im Bereich des Privatrechts hat das weitgehend zur Folge, dass der Europäische Gesetzgeber die Folgen der Pflichtverletzung offen gelassen hat; sie zu bestimmen ist Sache der Mitgliedstaaten. In der Tat ist die Rechtsfolgenseite für die Einpassung gemeinschaftsrechtlicher Ge- und Verbote in das nationale Rechtssystem von zentraler Bedeutung. Was in einem Mitgliedstaat privatrechtlich bewehrt ist, kann in einem anderen öffentlichrechtlich sanktioniert sein, z.B. durch Straf- oder Bußgeldandrohung. Wo ein Mitgliedstaat die Nichtigkeit eines Vertrags vorsieht, bestimmt der andere vielleicht nur die mangelnde Klagbarkeit.

Wie wir gesehen haben (oben, III.3.a)), gilt das auch für die Antidiskriminierungs-Richtlinien. Sie bestimmen im Grundsatz nur, dass die Mitgliedstaaten Sanktionen vorsehen müssen, die „wirksam, verhältnismäßig und abschreckend" sind. Der Gesetzgeber hat damit auf die

---

95 EuGH v. 11.7.2006 – Rs. C-13/05 *Chacón Navas,* Slg. 2006, I-6467 Rn. 55 f; eingehend *Domröse,* NZA 2006, 1320–1325.

96 So auch *Reichold/Heinrich,* Zur Kündigung eines Arbeitsvertrages wegen Krankheit und deren mögliche Wertung als Diskriminierung wegen Behinderung, JZ 2007, 196, 198.

97 A.M. Schiek-*Schiek* (Fn. 5), Einl. AGG Rn. 78.

Rechtsprechung des Europäischen Gerichtshofs zu den Umsetzungsgeboten Bezug genommen.

b) Die Umsetzungsgebote

Die Mitgliedstaaten – d.h. alle Träger öffentlicher Gewalt der Mitgliedstaaten – sind verpflichtet, gemeinschaftsrechtlich begründete Rechte und Pflichten effektiv durchzusetzen. Für die Umsetzung von Richtlinien kann man dieses Erfordernis schon Art. 249 Abs. 3 EG entnehmen,[98] allgemein folgt die Pflicht zur effektiven Durchsetzung des Gemeinschaftsrechts aus Art. 10 EG.[99] Aus der Rechtsprechung des EuGH ergeben sich zwei Grundsätze für die Umsetzung des Gemeinschaftsrechts, die auch für die Konkretisierung unbestimmter Rechtsfolgenanordnungen leitend sind.[100] Nach dem Grundsatz der Äquivalenz müssen die Sanktionen für die Verletzung gemeinschaftsrechtlich begründeter Rechte verfahrensmäßig und inhaltlich jenen für die Verletzung von aus dem nationalen Recht abgeleiteten Rechten gleichwertig sein (aa)). Nach dem Grundsatz der Effektivität müssen die Sanktionen für die Verletzung gemeinschaftsrechtlich begründeter Rechte sicherstellen, dass diese Rechte effektiv durchgesetzt werden (bb)).

aa) Der Äquivalenzgrundsatz

Die konsequente Fortsetzung einer schonenden Gemeinschaftsrechtsetzung durch nur wenig konkretisierte Rechtsfolgenanordnungen ist der Grundsatz der Äquivalenz. Das Gemeinschaftsrecht respektiert danach grundsätzlich, dass jeder Mitgliedstaat die gemeinschaftsrechtlichen Regelungen systemgerecht in sein innerstaatliches Recht einpasst.[101] Diese Systemgerechtigkeit wird den Mitgliedstaaten indes nicht nur ermöglicht, sondern von ihnen auch verlangt: Rechtsbehelfe zur Durchsetzung des Gemeinschaftsrechts müssen ebenso stark sein, wie solche zur Durchsetzung entsprechenden

---

[98] Für die Richtlinienumsetzung EuGH v. 10.4.1984 – Rs. 14/83 *v. Colson und Kamann,* Slg. 1984, 1891 Rn. 15; *Franzen,* Privatrechtsangleichung (1999), S. 296 f. m.N. zum Streitstand.

[99] EuGH v. 16.1.1992 – Rs. C-373/90 *Ermittlungsverfahren gegen X,* Slg. 1992, I-131 Rn. 7 („Nissan"); EuGH v. 13.11.1990 – Rs. C-106/89 *Marleasing,* Slg. 1990, I-4135 Rn. 8; EuGH v. 10.4. 1984 – Rs. 14/83 *v. Colson und Kamann,* Slg. 1984, 1891 Rn. 26.

[100] *Tridimas,* The General Principles of EC Law (1999), S. 279–281.

[101] Vgl. EuGH v. 14.12.1995 – Rs. C-312/93 *Peterbroeck,* Slg. 1995, I-4599 Rn. 12–14.

nationalen Rechts.[102] Da eine Vermutung für die Funktionsfähigkeit der mitgliedstaatlichen Rechtssysteme spricht, genügt das Äquivalenzprinzip im Allgemeinen zur effektiven Umsetzung gemeinschaftsrechtlicher Vorgaben. Die Effektivität der Umsetzung wird durch das Äquivalenzprinzip nicht zuletzt auch deswegen gefördert, weil die danach zu bestimmenden Rechtsfolgen für die Rechtsunterworfenen sinnfällig sind, müssen sie doch dem Üblichen entsprechen. In dem Äquivalenzprinzip kann man daher eine Ausformung der „gegenseitigen Anerkennung als gleichwertig"[103] sehen, denn mit seiner Hilfe wird nicht eine bestimmte Rechtsfolge vorgeschrieben, sondern nur die nach Maßstäben des nationalen Rechts effektive Sanktionierung. Auch wenn der Gemeinschaftsgesetzgeber nur Pflichten vorgibt, nicht auch Rechtsfolgen für die Nichterfüllung, können sich daher aus dem Äquivalenzgrundsatz durchaus sehr weitgehende Vorgaben ergeben. Diese lassen sich, da es auf eine Gleichwertigkeit mit entsprechenden Vorschriften des mitgliedstaatlichen Rechts ankommt, allerdings nicht allgemein bestimmen, sondern nur gesondert für die einzelnen Mitgliedstaaten.

bb) Der Effektivitätsgrundsatz

So wie auch (sonst) bei der gegenseitigen Anerkennung als gleichwertig kann das Europäische Recht ebenfalls hinsichtlich des Umsetzungsspielraums nicht ohne Bestimmung gewisser Grenzen auskommen. Diese Grenzen müssen naturgemäß je nach Rechtsakt unterschiedlich ausfallen. Allgemein lassen sie sich durch den Grundsatz der Effektivität beschreiben, der die Mitgliedstaaten verpflichtet, gemeinschaftsrechtlich begründeten Rechten praktische Wirksamkeit zu verleihen. Welche Maßnahmen das im Einzelnen erfordert, ergibt sich aus den Zwecken der einzelnen Regelungen.[104]

---

[102] EuGH v. 22.4.1997 – Rs. C-180/95 *Draehmpaehl*, Slg. 1997, 2195 Rn. 29–42; EuGH v. 4.12.1997 – Rs. C-253-258/96 *Kampelmann*, Slg. 1997, I-6907 Rn. 33; EuGH v. 8.6.1994 – Rs. C-382/92 *Kommission ./. Vereinigtes Königreich*, Slg. 1994, I-2435 Rn. 26, 55; EuGH v. 21.9.1989 – Rs. 68/88 *Kommission ./. Griechenland*, Slg. 1989, 2965 Rn. 24; EuGH v. 16.12.1976 – Rs. 33/76 *Rewe Zentralfinanz*, Slg. 1976, 1989 Rn. 5; EuGH v. 16.12.1976 – Rs. 45/76 *Comet ./. Produktschap*, Slg. 1976, 2043 Rn. 12f. Der Grundsatz der Äquivalenz gilt nicht nur für materiellrechtliche, sondern auch für verfahrensrechtliche Regelungen, EuGH v. 15.5.1986 – Rs. 222/84 *Johnston*, Slg. 1986, 1651 Rn. 18–20; EuGH v. 10.7.1997 – Rs. C-261/96 *Palmisani*, Slg. 1997, I-4025 Rn. 32f.; EuGH v. 1.12.1998 – Rs. C-326/96 *Levez ./. Jennings*, Slg. 1998, I-7835 Rn. 41. S.a. EuGH v. 16.5.2000 – Rs. C-78/98 *Preston*, Slg. 2000, 3201 Rn. 46–63.

[103] Dazu nur *Streinz*, Europarecht (7. Aufl. 2005), Rn. 973–982.

[104] EuGH v. 21.11.2002 – Rs. C-473/00 *Cofidis*, Slg. 2002, I-10875

c) *Zum Beispiel: von* v. Colson und Kamann *bis* Draempaehl

Funktionsweise und Reichweite des Effektivitätsgrundsatzes lassen sich am Beispiel des Verbots der Geschlechtsdiskriminierung in der Gleichbehandlungsrichtlinie Arbeitsbedingungen (RL 76/207) illustrieren, die jetzt in der Konsolidierungsrichtlinie 2006/54 aufgegangen ist.[105] Wie wir gesehen haben, überlässt sie den Mitgliedstaaten die Bestimmung der Sanktionen, eine spezifische Sanktion gibt sie nicht vor (Art. 25 RL 2006/54). In jedem Fall aber muss die Sanktion der effektiven Umsetzung des Regelungszwecks genügen. Das heißt, dass sie den Arbeitnehmern effektiven Schutz gewähren und den Arbeitgeber hinreichend vor Verletzungen des Gleichbehandlungsgebots abschrecken muss.[106] Weiterhin müssen die Sanktionen nach den Vorgaben von Art. 17 RL 2006/54 von dem Betroffenen gerichtlich durchsetzbar sein.

Zur ursprünglichen Fassung der Richtlinie[107] hat der EuGH entschieden, die Mitgliedstaaten könnten nach ihrer Wahl z.B. einen Wiedereinstellungsanspruch oder einen Schadensersatzanspruch[108] vorsehen. Entscheidet sich ein Mitgliedstaat für einen Schadensersatzanspruch des Betroffenen als Sanktion für die Diskriminierung, so muss dieser jedoch so weit gehen, dass eine Erreichung der Regelungszwecke der Diskriminierungsverbote gewährleistet ist. Das bedeutet in jedem Fall, dass der erlittene Schaden vollständig zu ersetzen ist.[109] Dazu reicht die bloße Erstattung der Bewerbungskosten (Portokosten) als Vertrauensschaden, wie ihn die ursprüngliche deutsche Umsetzungsregelung vorsah, nicht aus.[110]

Rn. 32–36; EuGH v. 8.6.1994 – Rs. C-382/92 *Kommission ./. Vereinigtes Königreich,* Slg. 1994, I-2435 Rn. 26, 55.

[105] Eine gute Übersicht gibt auch Hanau/Steinmeyer/Wank-*Wank* (Fn. 8), § 16 Rn. 246–249.

[106] EuGH v. 22.4.1997 – Rs. C-180/95 *Draempaehl,* Slg. 1997, 2195 Rn. 24; EuGH v. 9.11.1990 – Rs. C-177/88 *Dekker,* Slg. 1990, I-3941 Rn. 23; EuGH v. 10.4.1984 – Rs. 14/83 *v. Colson und Kamann,* Slg. 1984, 1891 Rn. 23.

[107] Zur jetzigen Fassung aber die Hinweise oben, III.3.a).

[108] EuGH v. 22.4.1997 – Rs. C-180/95 *Draempaehl,* Slg. 1997, 2195 Rn. 24; EuGH v. 10.4.1984 – Rs. 14/83 *v. Colson und Kamann,* Slg. 1984, 1891 Rn. 18.

[109] EuGH v. 22.4.1997 – Rs. C-180/95 *Draempaehl,* Slg. 1997, 2195 Rn. 25; EuGH v. 10.4.1984 – Rs. 14/83 *v. Colson und Kamann,* Slg. 1984, 1891 Rn. 23.

[110] EuGH v. 10.4.1984 – Rs. 14/83 *v. Colson und Kamann,* Slg. 1984, 1891 Rn. 23; der EuGH lässt offen, ob der Vertrauensschadensersatz schon den (immateriellen) Schaden nicht voll ausgleicht oder eine weitere Sanktion („nur“) zwecks Abschreckung vorzusehen ist.

Auch eine Beschränkung der Ersatzpflicht auf drei Monatsgehälter oder – im Falle mehrerer Kläger – auf höchstens insgesamt sechs Monatsgehälter, ist mit dem Gebot vollständigen Ersatzes unvereinbar.[111] Im Falle der gleichheitswidrigen Entlassung kommt als taugliche Sanktion nur ein Wiedereinstellungsanspruch oder ein Schadensersatzanspruch in Betracht, wobei ein Ersatzanspruch nicht durch eine Obergrenze beschränkt sein darf und auch die Gewährung von Zinsen einschließen muss.[112] – Die vermeintlich offene Rechtsfolgenregelung enthält demnach in Verbindung mit dem Grundsatz der Effektivität durchaus sehr weitgehende, wenn auch vornehmlich „negative“ oder rahmenhafte Vorgaben.

Auch zu den Voraussetzungen des Schadensersatzanspruchs hat der Gerichtshof bereits wiederholt Stellung genommen. In zwei Entscheidungen aus den Jahren 1990 und 1997 hat der EuGH angenommen, der Schadensersatzanspruch dürfe nicht von dem „zusätzlichen“, in den Richtlinien nicht vorgesehenen Erfordernis eines Verschuldens abhängig gemacht werden, und zwar auch dann nicht, wenn der Verschuldensnachweis leicht zu führen ist.[113] „Entscheidet sich ein Mitgliedstaat für eine Sanktion, die sich in den Rahmen einer Regelung über die zivilrechtliche Haftung des Arbeitgebers einfügt, so muss der Vorstoß gegen das Diskriminierungsverbot für sich genommen ausreichen, um die volle Haftung seines Urhebers auszulösen, ohne dass die im nationalen Recht vorgesehenen Rechtfertigungsgründe berücksichtigt werden können.“[114] Gegen diese Vorgaben verstößt die Regelung der §§ 15 Abs. 1 S. 2, 21 Abs. 2 S. 2 AGG:[115] Den gemeinschaftsrechtlichen Vorgaben ist nicht schon dadurch Rechnung getragen, dass der Einsatz immaterieller Schäden verschuldensunabhängig gewährt wird. Nach dem Grundsatz des vollen Schadensausgleichs muss gerade auch der materielle Schaden unabhängig vom Verschulden des Diskriminanten ausgeglichen werden. Daher stellt sich auch hier die Frage nach einer richtlinienkonformen Korrektur (dazu oben, 2).

---

[111] EuGH v. 22.4.1997 – Rs. C-180/95 *Draempaehl*, Slg. 1997, 2195 Rn. 30–36 und 40–42; zulässig ist die Beschränkung auf einen Höchstbetrag nach der Entscheidung aber, wenn der Arbeitgeber nachweist, dass der betroffene Arbeitnehmer auch bei diskriminierungsfreier Auswahl nicht eingestellt worden wäre (Rn. 33–35); das hat der deutsche Gesetzgeber in § 611a Abs. 3 übernommen.

[112] EuGH v. 2.8.1993 – Rs. C-271/91 *Marshall II*, Slg. 1993 I-4367 Rn. 25f., 30f.

[113] EuGH v. 22.4.1997 – Rs. C-180/95 *Draempaehl*, Slg. 1997, 2195 Rn. 17–21; EuGH v. 8.11.1990 – Rs. C-177/88 *Dekker*, Slg. 1990, I-3941 Rn. 22.

[114] EuGH v. 22.4.1997 – Rs. C-180/95 *Draempaehl*, Slg. 1997, 2195 Rn. 18.

[115] Ebenso Schiek-*Kocher* (Fn. 5), § 15 AGG Rn. 19 f.; Däubler/Bertzbach-*Deinert* (Fn. 59), § 15 Rn. 30; wohl auch Schiek-*Schiek* (Fn. 5), § 21 AGG Rn. 19; a.M. *Bauer/Göpfert/Krieger* (Fn. 59), § 15 Rn. 15.

5. *Überschießende Umsetzung*[116]

Der deutsche Gesetzgeber hat im AGG das allgemeine zivilrechtliche Diskriminierungsverbot (§§ 2, 19 AGG) nicht nur auf die Ungleichbehandlung wegen des Geschlechts, der Ethnie oder aufgrund der Rasse erstreckt, sondern auch auf die von der RL 2000/78 (oben, II.3.b)) erfassten inkriminierten Merkmale mit Ausnahme nur der Weltanschauung.[117] Damit stellt sich die Frage, ob die Richtlinienvorgaben auch diese „überschießende Umsetzung"[118] beeinflussen können. Hier geht es um zwei Aspekte: Methodisch um die Frage, ob das „überschießende" Recht mit Rücksicht auf die europarechtlichen Richtlinien auszulegen ist; und prozessual um die Frage, ob ein nationales Gericht dem EuGH auch wegen der überschießenden nationalen Rechtsetzung im Verfahren nach Art. 234 EG vorlegen kann (oder sogar muss). Dazu kann an dieser Stelle nur in aller Kürze Stellung genommen werden.

a) Die Auslegung überschießenden Umsetzungsrechts

Eine Bindung zur richtlinienkonformen Auslegung des nationalen Rechts auch im überschießenden Bereich könnte sich aus dem Gemeinschaftsrecht oder aus dem nationalen Recht ergeben.

Eine *gemeinschaftsrechtliche Pflicht* zur richtlinienkonformen Auslegung besteht in diesem Bereich indes nicht. Da sich die fragliche Bestimmung insoweit außerhalb des Anwendungsbereichs des Gemeinschaftsrechts befindet, kann es grundsätzlich auch keine gemeinschaftsrechtliche Bindung ergeben.[119]

---

[116] Eingehend *Habersack/Mayer,* Die Problematik der überschießenden Umsetzung, in: Riesenhuber (Hrsg.), Europäische Methodenlehre – Handbuch (2006), § 15.

[117] BT-Drs. 16/1780 S. 25 f. Dazu Däubler/Bertzbach-*Franke/Schlichtmann* (Fn. 59), § 19 Rn. 16 f.; M. *Schmidt,* in diesem Band, unten, § 5. Weitere Fälle der überschießenden Umsetzung werden gesehen in der Erstreckung der Aufgaben der Antidiskriminierungsstelle auf alle Merkmale des § 1 AGG (*Bauer/Göpfert/Krieger* [Fn. 59], §§ 25–30 Rn. 2); in der Erstreckung der Entgeltgleichheit auf alle Merkmale des § 1 AGG, § 8 Abs. 2 AGG (Palandt-*Weidenkaff,* BGB [66. Aufl. 2007], § 8 AGG Rn. 1); ferner in § 16 AGG (wohl wegen der Erstreckung auf „Zeuginnen oder Zeugen" und Unterstützer; Palandt-*Weidenkaff* a.a.O., § 16 Rn. 1).

[118] Zum Tatbestand der überschießenden Umsetzung *Habersack/Mayer* (Fn. 116), § 15 Rn. 5–22.

[119] *Habersack/Mayer* (Fn. 116), § 15 Rn. 24–35 m.w.N. in Fn. 86; *Barenz,*

Anderes kann im Einzelfall nach *nationalem Recht* begründet sein, soweit sich ein entsprechender Wille des nationalen Gesetzgebers ermitteln lässt.[120] Die Bindung zur richtlinienkonformen Auslegung ist dann ein Anwendungsfall der subjektiv-teleologischen Auslegung. Teilweise wird eine Art Vermutung zugunsten der einheitlichen – im Gegensatz zur „gespaltenen" – Auslegung angenommen: im Zweifel wolle der (deutsche) Gesetzgeber entsprechend dem Systemgedanken eine einheitliche Auslegung.[121]

Im Hinblick auf die Auslegung der §§ 2, 19 AGG wird eine richtlinienkonforme Auslegung auch im überschießenden Bereich weithin angenommen.

b) Vorlagefähigkeit im Hinblick auf überschießendes Umsetzungsrecht

Zur Frage der Vorlagefähigkeit wird zusammenfassend auf einen Satz *Wolfgang Schöns* hingewiesen: „Und eines ist beim EuGH klar: Wer fragt, der bekommt auch eine Antwort."[122] Angedeutet ist damit, dass sich der EuGH einer Vorlagefrage nur selten, nämlich in (klaren) Missbrauchsfällen entzieht. Der Gerichtshof beantwortet eine Vorlagefrage auch dann, wenn der streitgegenständlichen Fall nicht in den Anwendungsbereich des Gemeinschaftsrechts fällt, die Auslegung des Gemeinschaftsrechts dafür aber *nach Einschätzung des vorlegenden Gerichts* eine Rolle spielt.[123] Dabei räumt der Gerichtshof dem vorlegenden Gericht eine weitgehende Prärogative ein, einzuschätzen, ob die Vorlage für seine Entscheidung erforderlich ist.[124]

Die Auslegung der überschießenden Umsetzung von Richtlinien am Beispiel des Gesetzes zur Modernisierung des Schuldrechts, DB 2003, 375–376.

[120] Weiter differenzierend *Habersack/Mayer* (Fn. 116), § 15 Rn. 36–48.

[121] *Hess,* Rechtsfragen des Vorabentscheidungsverfahrens, RabelsZ 66 (2002), 470, 486; *Bärenz,* DB 2003, 375–376; *Schmidt-Räntsch,* in: Riesenhuber (Hrsg.), Europäische Methodenlehre – Handbuch, § 23 Rn. 78–82; Däubler/Bertzbach-*Däubler* (Fn. 59), Einl. Rn. 84; a.M. *Habersack/Mayer* (Fn. 116), § 15 Rn. 36.

[122] *Schön,* Aktuelle Fragen zum Europäischen Steuer- und Gesellschaftsrecht, JbFfSt 2001/2002 (2002), S. 27, 34.

[123] Kritisch *Habersack/Mayer* (Fn. 116), § 15 Rn. 51–55.

[124] EuGH v. 18.10.1990 – verb. Rs. C-297/88 und C-197/89 *Dzodzi,* Slg. 1990, I-3763 Rn. 34 f. Als unzulässig nicht beantwort hat der EuGH aber die Fragen in EuGH v. 10.12.2002 – Rs. C-153/00 *Paul der Weduwe,* Slg. 2002, I-11319 Rn. 39.

§ 2 Das AGG – Grundstrukturen und Richtlinienkonformität

Dagmar Schiek[*]

[*] Manuskript des Vortrags zur Veranstaltung „Das Allgemeine Gleichbehandlungsgesetz – Grundsatz- und Praxisfragen" der Ruhrakademie Bochum. Die Vortragsform wurde beibehalten. Die Darstellung stützt sich im Wesentlichen auf folgende Veröffentlichungen: *Schiek* (Hrsg.), Allgemeines Gleichbehandlungsgesetz – Ein Kommentar in Europäischer Perspektive (2007); *Schiek/Waddington/Bell*, A Comparative Perspective on Non-Discrimination Law, Introductory chapter to: Schiek/Waddington/Bell (Hrsg.), Cases, Materials and Text on National, Supranational and International Non-Discrimination Law (2007); *Schiek*, Implementing EU Non-Discrimination Directives: Typologies of legal transplanting, in: Schoubroek/Cousy (Hrsg.), Diskriminatie in Verzekering/Discrimination et Assurance (2007), 47–84; *Schiek*, Differenzierte Gerechtigkeit? Diskriminierungsschutz und Vertragsrecht (2000).

Nachdem die europarechtlichen Grundlagen des AGG erläutert sind, möchte ich mich nun dem AGG selbst zuwenden. Die meisten von Ihnen werden sich mit dem Gesetz schon beschäftigt haben, so dass ich mich bemühen werde, dem Altbekannten noch einiges hinzuzufügen. Dazu werde ich bei der Darstellung der Konzeption und Struktur des Gesetz rechtsvergleichende Seitenblicke wagen und zugleich auch das weit verbreitete Vorurteil erschüttern, es handele sich hier um eine Überimplementation: An vielen Stellen bleibt das AGG hinter den Anforderungen der Richtlinien sogar zurück, was wiederum Handlungsmöglichkeiten in der anwaltlichen Praxis eröffnet.

I. Grundstrukturen

1. Grundstrukturen des Antidiskriminierungsrecht

Erlauben Sie mir einleitend einige Bemerkungen zu den Grundsätzen des Antidiskriminierungsrechts und den besonderen Herausforderungen, die sie für das deutsche Recht mit sich bringen, wenn man die kritische Berichterstattung in der allgemeinen und Fachpresse als Seismographen betrachtet. Wie wir gerade gehört haben, mischen sich in den Richtlinien der EG Elemente eines modernen und eher traditionellen Anti-Diskriminierungsrechts.[1] Die modernen Elemente liegen insbesondere in der markt- und bürgerschaftlichen Ausrichtung, die die Staatszentriertheit traditionellen staatsrechtlichen Diskriminierungsschutzes überwindet. In einer Gesellschaft, in der der Zugang zu den meisten Gütern und Dienstleistungen marktlich, und damit über Verträge, organisiert wird, richtet nur ein zivilistisch orientiertes Diskriminierungsrecht etwas aus. In der Tradition der völkerrechtlichen Diskriminierungsabkommen kommt es einem modernen Diskriminierungsrecht auf die funktionale Beeinträchtigung des faktischen Genusses von Rechten und Freiheiten an. Das Modell der zivilistischen Integration mit zivilen Rechtsfolgen erfordert die Emanzipation vom Verschuldenserfordernis. Bevor Sie mir jetzt vorhalten, ich verkennte die Traditionen des kontinentalen Vertragsrechts, möchte ich auf ein gänzlich anderes Rechtsgebiet verweisen, das in diesem Punkte überraschende Ähnlichkeit mit dem Antidiskriminierungsrecht aufweist. Im Wettbewerbsrecht, genauer gesagt, im Kartellrecht, kommt es auch nicht

---

[1] Ausführlicher hierzu Schiek-*Schiek* (Fn. *), Einl. AGG Rn. 50-58; *Schiek u.a.* (Fn. *), A Comparative Perspective, S. 25-32.

darauf an, ob eine Absprache zwischen Unternehmen eine Wettbewerbsverzerrung bezweckt. Unabhängig davon, ob die Vertragpartner beabsichtigen, den Wettbewerb zu stören, genügt es, wenn die Wettbewerbsverzerrung nur bewirkt wird. Bei den nur bewirkten Wettbewerbsverzerrungen gibt es zwar die gerade im deutschen Wettbewerbsrechts zur dogmatischen Blüte entwickelten Immanenzausnahmen, wodurch Wettbewerbsverzerrungen dann geduldet werden, wenn sie unvermeidbar sind, um andere Ziele zu erreichen. Dennoch gilt auch hier die verschuldensunabhängige Haftung der Unternehmen, die an einem Kartell beteiligt sind.[2] Es scheint, dass in zivilistisch strukturierten Rechtsgebieten mit Gestaltungsanspruch dieses Prinzip unabdingbar ist.[3]

2. Sollbruchstellen zum deutschen Recht

Das zivilistische Modell des Diskriminierungsrechts mit seiner verschuldensunabhängigen Haftung und der notwendigen Anerkennung der mittelbaren Diskriminierung ist dem deutschen Recht also nicht völlig fremd, wird aber dennoch als Störfaktor empfunden.[4] Dies liegt in zwei weiteren Sollbruchstellen zwischen EG und nationalem Recht begründet: Den unterschiedlichen Hierarchien im Diskriminierungsschutz einerseits und einer stärker ausgeprägten Tradition des sozialen Ausgleichs gegenüber der Akzeptanz von Verschiedenheit im deutschen Recht andererseits.

Diskrepanzen zwischen den Wertungen des Grundgesetzes und des EG Rechts bestehen bezüglich der Hierarchien der Gleichheit.[5] Das EG Recht schützt primärrechtlich zuallererst vor jeder Diskriminierung wegen der Staatsangehörigkeit und vor Entgeltdiskriminierung wegen des Geschlechts. Die Richtlinien, deren Umsetzung das AGG dient, schützen vor rassistischer und ethnischer Diskriminierung in einem weiteren Anwendungsbereich als vor allen anderen Diskriminierungen. An dritter

---

[2] Vgl. etwa Frankfurter Kommentar zum Kartellrecht, § 1 GWB (a.F.) Rn. 100 ff. m.w.N.

[3] Zum sozioökonomischen Gestaltungsanspruch des Diskriminierungsrecht vgl. Schiek-*Schiek* (Fn. *), Einl. AGG Rn. 55-58.

[4] So beispielsweise *Wank*, Diskriminierung in Europa – Die Umsetzung der europäischen Antidiskriminierungsrichtlinien aus deutscher Sicht, NZA 2004, Sonderbeilage zu Heft 22, 16-26 m.w.N.

[5] Vgl. hierzu insb. *Raasch*, Vom Verbot der Geschlechtsdiskriminierung zum Schutz von Diversity. Umsetzung der neuen EU-Antidiskriminierungsrichtlinien in Deutschland, KJ 2004, 394-412.

Stelle steht die Diskriminierung wegen des Geschlechts, gefolgt von allen anderen Diskriminierungen.

Das Grundgesetz sieht dies anders:[6] Nur zugunsten der Gleichstellung von Frauen und Männern sieht es einen positiven Handlungsauftrag des Staates vor, setzt also die Gleichstellung der Geschlechter an die Spitze der Gleichheitshierarchie. An zweiter Stelle folgt die Diskriminierung wegen einer Behinderung. Hier statuiert Art. 3 Abs. 3 Satz 2 ein einseitiges, also asymmetrisches Diskriminierungsverbot. Daraus folgt zwar kein ganz so deutlicher Gleichstellungsauftrag, aber doch die Ausrichtung des Benachteiligungsverbotes auf die Beseitigung der Benachteiligungen Behinderter. Die rassistische Diskriminierung wird im Grundgesetz mit allen übrigen Diskriminierungsformen erst an dritter Stelle verfolgt.

Diese unterschiedlichen Hierarchien des Gemeinschafts- und Verfassungsrechts stellen den deutschen Gesetzgeber vor die Aufgabe, beiden gerecht zu werden. Dies ist möglich, denn die Anforderungen des Grundgesetzes und des EU Rechts können kumulativ erfüllt werden. Hieraus folgt aber, dass eine eins-zu-eins Umsetzung der Richtlinien, wie sie häufig gefordert wird, problematisch ist, denn sie würde die Gleichheitshierarchie des EG Rechts über die Gleichheitshierarchie des Grundgesetzes stellen. Dies kann man auch nicht mit dem Vorrang des Gemeinschaftsrechts rechtfertigen, denn die Antidiskriminierungsrichtlinien sind durchgehend Mindestrichtlinien. Sie erlauben den Mitgliedstaaten, einen besseren Schutz vor Diskriminierungen einzuführen oder beizubehalten. Dementsprechend ist der Gesetzgeber nicht gehindert, den Hierarchien der Verfassung zugleich mit denen des EG Rechts gerecht zu werden.

Ich sehe aber auch Diskrepanzen zwischen Diskriminierungsrecht und traditionellem deutschen Recht auf anderen Ebenen, halte diese jedoch für überwindbar. In der Debatte gegen das AGG wurde vielfach eine traditionelle Konzeption von Vertragsfreiheit und Privatautonomie heraufbeschworen, nach der diese Prinzipien ein wertneutrales Vertragsrecht garantieren sollen.[7] Das hat mich überrascht, denn es ist ja keineswegs so, dass das deutsche Vertragsrecht bislang einer rein formalen Vertragsfreiheit gehuldigt hätte.[8] Die Rechtsprechung und Rechtspolitik der 1980er Jahre hat vielmehr dazu geführt, dass der soziale Ausgleich ein vertragsrechtliches

---

[6] Hierzu auch *Baer/Wrase*, Unterschiedliche Tarife für Männer und Frauen in der privaten Krankenversicherung, NJW 2004, 1623-1627.

[7] Am deutlichsten bei *Picker*, Antidiskriminierungsprogramme im freiheitlichen Privatrecht, in: Lorenz (Hrsg.), Haftung wegen Diskriminierung nach derzeitigem und zukünftigem Recht, Karlsruher Forum 2004 (2005), S. 100-136.

[8] Hierzu ausführlich *Schiek* (Fn. *), Differenzierte Gerechtigkeit, S. 290 ff.; aus jüngerer Sicht *Britz*, Diskriminierungsschutz und Privatautonomie, VVDStRL

Thema geworden ist. Diese Rückbindung der Privatautonomie im Interesse der Herstellung von Vertragsgerechtigkeit ist vor allem unter verbraucherrechtlichen Aspekten heute eine Selbstverständlichkeit. Materielle statt formaler Vertragsfreiheit ist über die entsprechend programmatische Auslegung der Generalklauseln des Bürgerlichen Gesetzbuches zu gewährleisten – diese in der Rechtsprechung der Zivilgerichte entwickelte Tendenz erhielt von der Rechtsprechung des Bundesverfassungsgerichts der 90er Jahre – ich nenne nur das Stichwort „Reederstochter-" oder „Schuldturmentscheidung"[9] – im Nachhinein verfassungsrechtliche Weihen.

Der zivilistische Diskriminierungsschutz fordert jedoch eine andere Einbindung der Vertragsfreiheit. An die Stelle des sozialen Ausgleichs mit seiner generell homogenisierenden Tendenz tritt das Ziel der Integration von Differenz. Menschen, die aufgrund bestimmter Persönlichkeitsmerkmale als anders wahrgenommen werden, soll die faktische Vertragsfreiheit gewährleistet werden. Dies gilt für die Vertragsbedingungen ebenso wie für den Vertragsabschluss. Anders als beim sozial ausgleichenden Vertragsrecht, das sich mit der Korrektur des Vertragsinhaltes – etwa bei der Höhe der Verbraucherkreditzinsen – oder der Lösung vom Vertrag – so bei der „Reederstochter" – begnügte, erfordert das integrative Modell die Problematisierung der Vertragsverweigerung. Das ist ungewohnt,[10] aber durchaus sinnvoll. Das zivilistische Antidiskriminierungsrecht bringt die materielle Vertragsfreiheit desjenigen, der aufgrund seiner so genannten Rasse, einer Behinderung oder seines Glaubens von bestimmten Kontrakten ausgeschlossen wird, zum Ausgleich mit der formellen Vertragsfreiheit desjenigen, der diesen Ausschluss praktiziert. Nicht mehr und nicht weniger intensiv als der Verbraucherschutz bindet es die Privatautonomie in einer Weise ein, dass der marktliche Austausch unter rationalen Bedingungen für jedermann und jedefrau möglich wird.

II. Grundstrukturen des AGG im Vergleich

Das AGG macht sich diese Ansätze zu eigen. Spätestens seit dem ersten rot-grünen Entwurf eines Anti-Diskriminierungsgesetzes im Dezember

---

2004, 357-402; *Neuner*, Vertragsfreiheit und Gleichbehandlungsgrundsatz, in: Leible/Schlachter (Hrsg.), Diskriminierungsschutz durch Privatrecht (2006), S. 74-91.

[9] BVerfGE 89, 214 ff.

[10] Dies betont insbesondere *Britz*, VVDStRL 2004, 384-89.

2004 stehen seine Grundstrukturen fest: Es sollte ein einheitliches Gesetz zu allen Fragen des Diskriminierungsschutzes geschaffen werden, nachdem zuvor im Jahre 2002 die Integration des Diskriminierungsschutzes in das BGB versucht und wieder aufgegeben worden war. Die wesentliche Änderung vom rot-grünen zum schwarz-roten Gesetz scheint der Namenswechsel gewesen zu sein: Statt der Diskriminierung als zu verhindernde, aber dennoch tausendfach anzutreffende Realität führt das Gesetz jetzt die Gleichbehandlung im Namen. Sein Titel könnte auch die Übersetzung des niederländischen *Wet Gelijke Behandeling* sein – wir sind also nicht die einzigen, die nicht negativ formulieren mögen.

Der Blick auf die Regelungen und Traditionen anderer EU Mitgliedstaaten ist im Diskriminierungsrecht übrigens aus zweierlei Gründen wichtig: Zum einen kann man die praktische Anwendung des Rechtsgebietes in anderen Mitgliedstaaten schon länger beobachten und braucht folglich das Rad nicht völlig neu zu erfinden. Zum anderen hat das Recht einiger Mitgliedstaaten bei der Verabschiedung der Richtlinien, die dem AGG zugrunde liegen, Pate gestanden. Das gilt insbesondere für das britische Recht. Von diesem hat das EG Recht die Zersplitterung in unterschiedliche Regelungsmaterien übernommen, die sich an einzelnen oder mehreren Gründen orientieren. Weniger bekannt ist, dass auch das niederländische Recht sowie skandinavische Modelle für die Gestaltung maßgeblich waren, und zwar insbesondere, was die Rechtsdurchsetzung mit Hilfe von Kommissionen bzw. Ombudsmännern betrifft. Bei der Umsetzung der Richtlinie hat sich die Zersplitterung in verschieden Gesetze zu Rasse, Geschlecht oder Behinderung nicht durchgesetzt. Die meisten Mitgliedstaaten haben ein einheitliches Gesetz gewählt, einige – insbesondere in Skandinavien – halten aber an besonderen Regelungsmodellen für die Geschlechtergleichheit fest. Fast niemand folgt auch der Hierarchie der Gleichheiten nach dem EG Modell – fast immer werden die Diskriminierungsverbote beim Zugang zu Gütern und Dienstleistungen auch auf andere Gründe als die Rasse und Ethnie ausgedehnt. Neben den von den Richtlinien gebotenen zivilrechtlichen Regelungen behalten insbesondere Frankreich und Belgien, aber auch einige neue Mitgliedstaaten, strafrechtliche Regelungen bei. In Skandinavien und den Beneluxstaaten hat die Umsetzung zur Ausdehnung des Schutzes geführt bzw. dieses ist – wie in den Niederlanden – noch geplant. Das AGG ist damit sozusagen im Mittelfeld der Umsetzungsgesetze, wenn nicht unter den Schlusslichtern zu finden: Es schreibt die Richtlinien nicht ausschließlich ab – auch wenn es nicht weit über ihren Wortlaut hinausgeht – und etabliert insbesondere ein einheitliches Gesetz für alle Diskriminierungsgründe.

III. Einige wichtige Vorschriften des AGG

Ich konzentriere mich in der mir verbleibenden Zeit auf einige Elemente der ersten drei Abschnitte des AGG: Allgemeiner Teil, Schutz von Beschäftigten vor Benachteiligung und Schutz vor Benachteiligung im Zivilrechtsverkehr.

1. Struktur des AGG

Die Kapitel 1-3 des 1. Abschnitts verdeutlichen, dass es mit der einheitlichen Struktur des AGG nicht so weit her ist. Eigentlich handelt es sich um zwei miteinander verschachtelte Gesetze, ein AGG für das Arbeitsrecht und ein AGG für das sonstige Vertragsrecht. Für beide Bereiche enthält das erste Kapitel die allgemeinen Vorschriften, die dann in den folgenden beiden spezifiziert werden. Insgesamt sind jedenfalls Ausnahmen vom Gleichbehandlungsgebot und Rechtsfolgen jeweils bereichspezifisch geregelt.

Das Ziel des AGG ist bekanntlich die Vermeidung und die Beseitigung von Nachteilen. Damit betont es die abwehrende ebenso wie die proaktive Zieldimension des Anti-Diskriminierungsrechts.[11] Zahlreiche Umsetzungsgesetze gehen weiter als das AGG und nennen weitere positive Ziele der Gleichbehandlung oder gar der Gleichstellung in der gesellschaftlichen Wirklichkeit. So dient das österreichische Gleichbehandlungsgesetz der Gleichstellung von Frauen und Männern (§ 2),[12] nicht aber im Verhältnis z.B. zwischen ethnischer Mehrheit und ethnischen Minderheiten. Das niederländische Gleichbehandlungsgesetz von 1994 soll nach den Begründungserwägungen die Teilhabe am gesellschaftlichen Leben auf gleicher Augenhöhe fördern.[13] Das dänische Gesetz zur Umsetzung der Richtlinie 2000/43/EG[14] hat die Verhinderung von Ungleichbehandlungen sowie die Förderung von Gleichbehandlung bezüglich der Rasse und des

---

[11] Zu dieser Differenzierung näher Schiek-*Schiek* (Fn. *), Einl. AGG Rn. 42.

[12] Vgl. dazu Rebhahn-*Rebhahn*, Kommentar zum Gleichbehandlungsgesetz (2005), § 2 GlBG, Rn. 1-14.

[13] Wet Gelijke Behandeling, StBl. 1994, 5, englische Übersetzung zugänglich unter http://www.cgb.nl.

[14] Richtlinie 2000/43/EG des Rates vom 29.6.2000 zur Anwendung des Gleichbehandlungsgrundsatzes ohne Unterschied der Rasse oder der ethnischen Herkunft, ABl. 2000 L 180/22.

ethnischen Ursprungs zum Ziel.[15] Noch etwas stärker an substantieller Gleichheit orientiert ist das finnische Gesetz zur Umsetzung der Richtlinie 2000/43/EG und 2000/78/EG[16]: Es hat den Zweck, Gleichheit zu fördern und zu sichern und den gesetzlichen Schutz derjenigen, die diskriminiert worden sind, zu verbessern.[17] Wohl am weitesten geht hier das bulgarische Gesetz: Es dient der Vermeidung von Diskriminierung (§ 1) und zielt auf Gleichheit vor dem Gesetz, Gleichbehandlung und gleiche Chancen zur Teilhabe am gesellschaftlichen Leben sowie Chancengleichheit und effektiven Schutz vor Diskriminierung (§ 2).[18]

2. Begriff der Diskriminierung im AGG

Das AGG definiert die wesentlichen Begriffe, die zum Diskriminierungsbegriff gehören, bis auf eine Ausnahme im Einklang mit den Richtlinien.

Nach § 3 Abs. 1 AGG ist eine unmittelbare Diskriminierung gegeben, wenn eine Person wegen eines der Diskriminierungsmerkmale weniger günstig behandelt wird als eine andere gegenwärtige Person (Vergleichsperson). Zulässig ist auch der Vergleich mit einer vergangenen Behandlung einer Person oder der hypothetischen Behandlung. Meist ist unmittelbare Diskriminierung leicht zu erkennen, und man befasst sich dann sogleich mit den Ausnahmen oder Rechtfertigungen. Problematisch sind Fälle, in denen wegen eines mit einem Diskriminierungsmerkmal zusammenhängenden Merkmals diskriminiert wird. Zu zweifelhafter Berühmtheit gelangte das Hotel *Adlon*, als es im Sommer 1997 die Beschäftigung einer Leiharbeiterin nicht etwa wegen deren schwarzer Hautfarbe, sondern wegen der Haartracht, die aus kleinen Zöpfchen bestand, ablehnte. Auch die Diskriminierung durch Zugehörigkeit gehört hierher, ebenso wie die Diskriminierung wegen gesetzlicher Schutzvorschriften.

---

[15] § 1. Loven har til formål at forhindre forskelsbehandling og at fremme ligebehandling af alle uanset race eller etnisk oprindelse (Dänisches Gesetz 29.1.2003 zur Umsetzung der Richtlinie 2000/43/EG, eigene Übersetzung).

[16] Richtlinie 2000/78/EG des Rates vom 27.11.2000 zur Festlegung eines allgemeinen Rahmens für die Verwirklichung der Gleichbehandlung in Beschäftigung und Beruf, ABl. 2000 L 303/16.

[17] Gesetz Nr. 21/2004, geändert durch Gesetz Nr. 50/2006, englischer Text unter http://www.finlex.fi.

[18] Eigene Übersetzung der englischen Fassung, die auf den Web-Sites der EU Kommission zur Verfügung steht (http://ec.europa.eu/employment_social/fundamental_rights/legis/lgac_en.htm)

Eine mittelbare Diskriminierung liegt vor, wenn an neutralen Merkmalen angeknüpft wird, dies aber überwiegend Personen mit einer bestimmten Merkmalsausprägung nachteilig trifft und nicht objektiv gerechtfertigt ist. Neben den sattsam bekannten Teilzeitfällen sind im Ausland auch einige andere Fallgruppen bekannt geworden. So hat die niederländische Rechtsprechung ein Fall beschäftigt, bei dem eine Wohnungsbaugesellschaft zu einem geringeren Prozentsatz an Personen aus ethnischen Minderheiten vermietete als die übrigen Gesellschaften der Stadt.[19] Das Abstellen auf die Postleitzahl des Wohnsitzes bei der Vergabe von Verbraucherkrediten kann zu mittelbarer ethnischer Diskriminierung führen, weshalb es sowohl in den Niederlanden als auch im Vereinigten Königreich entsprechende *Codes of Practice* gibt, die solches verhindern sollen.[20] Weitere Beispiele sind Anforderungen sprachlicher Art auch bei untergeordneten Tätigkeiten[21] sowie die Ablehnung von Schichtarbeitern als Mieter.[22]

Neue Diskriminierungsformen umfassen die Belästigung und die sexuelle Belästigung. Der Tatbestand setzt im ersten Fall die Schaffung eines feindseligen Klimas voraus. Dies kann durch die Benutzung herabsetzender Bezeichnungen mit Bezug auf die Herkunft von Kollegen oder Kunden geschehen, Beispiele, die die Rechtsprechung beschäftigt haben, umfassen „Schimpanse“[23] und „Pavian“. Auch Begriffe wie „Schwuchtel“ oder „Bulldozer“ für schwule oder lesbische Personen gehören hierher, ebenso wie das Anbringen von Begriffen wie „White Supremacy“ an Stellen, an denen dies ausländische Vertragsnehmer sehen müssen.[24] Die Anweisung zur Diskriminierung, die übrigens keine mittelbare Diskriminierung ist, ist in Deutschland schon durch die Anweisung an einen Personalabteilungsmitarbeiter, keine Türkinnen einzustellen,[25] zu trauriger Berühmtheit gelangt.

---

19 Hoge Raad 10.12.1982 (*van Binderen* v *Kaya*) NJB 1983, 63.

20 Abgedruckt in Schiek-*Schiek* (Fn. *), AGG Anhang (1) Rn. 17 (S. 479 ff.), Rn. 18 (S. 482 ff.).

21 So bereits der Sachverhalt, der der Grundsatzentscheidung des US Supreme Court zur Genese des Verbotes der mittelbaren Diskriminierung zugrunde lag (*Griggs* v *Duke Power Co 401 U.S. 424* [*1971*]), dazu Schiek-*Schiek* (Fn. *), § 3 Rn. 20.

22 *Schiess-Rütimann*, Vertragsverweigerung gegenüber ausländischen Mietinteressenten, Wohnungswirtschaft und Mietrecht (WuM) 2006, 12 m.w.N.

23 *Jones* v *Tower Boot Co Ltd* (1997) ICR 254 CA (Großbritannien).

24 *Danco. Inc* v *Wal-Mart Stores* F3d 79 FED Cases 1737 (1st Cir 1999), dazu Schiek-*Schiek* (Fn. *), § 3 Rn. 75.

25 ArbG Wuppertal – 3 Ca 4927/03 LAGE § 626 BGB Nr. 2a, mit Anm. *Donat/Wege*.

Eine Definition fehlt im AGG, nämlich die der „angemessenen Vorkehrungen". Dies sind konkret-individuelle Maßnahmen, die die Beschäftigung, den Aufstieg oder die Weiterbildung ermöglichen. Nach den Richtlinien müssen Arbeitgeber verpflichtet werden, solche Maßnahmen zugunsten behinderter Menschen zu ergreifen. Das AGG tut dies nicht; und die bestehenden Verpflichtungen (§§ 81, 84 SGB IX) greifen erst nach Entstehung eines Arbeitsverhältnisses. Hier ist eine richtlinienkonforme Auslegung geboten – und möglich. So hat ein italienisches Arbeitsgericht die Verweigerung angemessener Vorkehrungen in Form kürzerer Wegezeiten als mittelbare Diskriminierung ausgelegt, da die implizite Anforderung, auch einen weiten Weg zur Arbeit zurückzulegen, behinderte Beschäftigte besonders nachteilig traf.[26] Diese Beispiele werden in den Beiträgen zu einzelnen Rechts- und Lebensbereichen sicher noch konkretisiert.[27]

IV. Überimplementation der EU Gleichbehandlungsrichtlinien?

Ich komme jetzt zu der Frage, ob unser AGG in der Tat eine Überimplementation oder doch eher eine Unterimplementation ist und welche Folgen eine etwaige Unterimplementation hat.

1. Folgen eventueller Unterimplementation der Richtlinien[28]

Folgen einer Unterimplementation ergeben sich aus der komplexen Wirkung von Richtlinien der EG, die auch dem Vorrang des Gemeinschaftsrechts zum Durchbruch verhelfen. Insoweit gilt zunächst, dass Richtlinien bis zum Ablauf der Umsetzungsfrist nur die Mitgliedstaaten binden, welche die Wahl der Form und der Mittel der Umsetzung haben (Art. 249 Abs. 3 EG). Damit verliert die Richtlinie jedoch nicht jede Rechtswirkung. Zunächst können sich Mitgliedstaaten gegenüber ihren Bürgern nicht auf die nicht korrekte oder nicht rechtzeitige Richtlinienumsetzung berufen, so dass Richtlinien im Vertikalverhältnis zwischen Staat und Bürger auch unmittelbar gelten: nach Ablauf der Umsetzungsfrist und sofern ihre

---

[26] Tribunale Pistoia 30.9.2005 (Darstellung bei *Schiek/Waddington/Bell* [Fn. *], Reasonable Accomodation, S. 690).

[27] S. die Beiträge von *v. Steinrück,* M. *Schmidt* und *Welti,* in diesem Band, unten §§ 4-6.

[28] Dazu genauer Schiek-*Schiek* (Fn. *), Einl. AGG Rn. 75-78.

Vorschriften auf die Verleihung individueller Rechte gerichtet und für die unmittelbare Anwendung genau genug sind.[29] Auch im Horizontalverhältnis sind Richtlinien nicht ohne Bedeutung. Sie wirken über das Medium der richtlinienkonformen Auslegung des nationalen Rechts. Nach der Rechtsprechung des EuGH schließt die Pflicht der nationalen Gerichte, die Rechtswirkung der Richtlinien zu achten, die Nichtanwendung richtlinienwidriger Ausnahmebestimmungen ein. Ob es sich dabei noch um Auslegung handelt ist zweifelhaft, dogmatisch sauberer ist der Begriff der Durchsetzung einer eindeutigen Verbotswirkung von Richtlinien.[30] Die Pflicht zur Außeranwendunglassung kann zudem nur gelten, wenn dies nicht zu einer unmittelbaren Richtlinienwirkung führt, was durch die von *Wank* vorgeschlagene Beschränkung auf die Durchsetzung einer Verbotswirkung von Richtlinien erreicht wird.[31] Insoweit muss jedoch auch für das AGG die richtlinienkonforme Nichtanwendung einer Norm, und zwar insbesondere für Ausnahmevorschriften, in Betracht kommen.

2. Anwendungsbereich der Diskriminierungsverbote

Dazu möchte ich zuerst die Frage des Anwendungsbereichs der Diskriminierungsverbote erörtern, der eher versteckt geregelt ist. Zum europarechtlichen Diskriminierungsverbot gehören das Verbot der unmittelbaren Diskriminierung, der mittelbaren Diskriminierung, der Belästigung sowie der sexuellen Belästigung (letzteres nur bei der Geschlechtsdiskriminierung) sowie das Viktimisierungsverbot. Das Verbot der sexuellen Belästigung sowie das Viktimisierungsverbot gelten nach dem Text des AGG nur im Rahmen des zweiten Abschnittes.

Für die sexuelle Belästigung ergibt sich das aus § 3 Abs. 4 AGG. Für das Viktimisierungsverbot folgt das aus dem Schweigen des § 3 AGG hierzu sowie aus der ausdrücklichen Regelung des „Maßregelungsverbotes" im zweiten Abschnitt (§ 16 AGG).

Natürlich bestehen die praktischen Probleme auch in anderen Bereichen, etwa im Mietrecht. Wer sich wegen Diskriminierung beschwert, wird ggf. bei den Schönheitsreparaturen strenger behandelt als andere

---

[29] EuGH v. 19.1.1982 – Rs. 8/81 *Becker*, Slg. 1982, 53, dazu ausführlich *Prechal*, Directives in Community Law, (2nd ed. 2005), S. 242 ff.

[30] *Wank*, Bereitschaftsdienst als Arbeitszeit – Besprechung des Beschlusses BAG v. 18.2.2003 – 1 ABR 2/02, RdA 2004, 246, 251 f.

[31] *Wank*, RdA 2004, 246, 250; ebenso *Prechal*, Anm. EuGH *Pfeiffer*, CMLR 2005, 1445, 1461 ff.

Mieter. Und auch die sexuelle Belästigung kommt bei Dienstverträgen mit selbständigen Frauen ebenso vor wie im Arbeitsverhältnis.

§ 3 Abs. 4 AGG kann insoweit richtlinienkonform einschränkend ausgelegt werden, dass die richtlinienwidrigen Einschränkungen außer Anwendung bleiben. Das Verbot der sexuellen Belästigung gilt also auch beim Zugang zu und der Versorgung mit Gütern und Dienstleistungen.

Für das Viktimisierungsverbot ist dies schon etwas schwieriger. Allerdings dürfte es möglich sein, das Verbot der Maßregelung wegen des Wahrnehmens gesetzlicher Rechte aus allgemeinen Grundsätzen des Zivilrechts abzuleiten.[32]

3. Generelle Beschränkung des Anwendungsbereichs des AGG

§ 2 Abs. 2 und 4 AGG sind geschaffen worden, um einige generelle Ausnahmen vom Anwendungsbereich des AGG zu statuieren. Abs. 2 betrifft die sozialrechtlichen Ansprüche, Abs. 4 die Kündigung.

Abs. 2 ist allerdings uneindeutig und kann daher insbesondere das Ziel, die Anwendung des AGG auf Betriebsrenten auszuschließen, nicht erreichen. Das Betriebsrentengesetz (BRG) enthält keine Diskriminierungsverbote; und auch der arbeitsrechtliche Gleichbehandlungsgrundsatz hilft bei der Begründung von Betriebsrentenansprüchen nicht weiter. Da das bisherige Recht lückenhaft ist, gilt das AGG unmittelbar.[33] Abs. 4 sollte nach dem Willen des Gesetzgebers wohl die Kündigungen vom Anwendungsbereich des AGG ausnehmen. Ob dies gelungen ist, ist ebenfalls zweifelhaft, denn das AGG ist insoweit widersprüchlich. Insbesondere zählt § 2 Abs. 1 AGG die Entlassungsbedingungen als Anwendungsbereich der Diskriminierungsverbote ausdrücklich auf, und zudem würde auch das Maßregelungsverbot seines Sinnes beraubt, sollte es für Kündigungen wegen der Wahrnehmung von Rechten aus dem AGG nicht gelten. Geboten ist – auch wegen des Gebots der richtlinienkonformen Auslegung – insoweit die richtlinienkonforme Reduktion der Vorschrift: Das AGG und die kündigungsschutzrechtlichen Vorschriften finden nebeneinander und ggf. kumulativ Anwendung.[34]

---

[32] Vgl. BAG, AP Nr. 1 zu § 612 a BGB zu der „Vorgängernorm" des § 16 AGG.

[33] Näher Schiek-*Schiek* (Fn. *), § 2 Rn. 9.

[34] Schiek-*Schiek* (Fn. *), § 2 Rn. 13, wie dort wohl inzwischen die herrschende Meinung, vgl. auch *Wisskirchen*, Der Umgang mit dem allgemeinen Gleichbehandlungsgesetz – ein Kochrezept für Arbeitgeber, DB 2006, 1491-1499;

Die Ausnahmen vom Anwendungsbereich der Diskriminierungsverbote – mit Ausnahme der rassistischen Diskriminierung – finden sich in § 19 AGG. Nach dessen Abs. 1 und 2 gelten die Diskriminierungsverbote nur für Massengeschäfte und Quasi- Massengeschäfte oder Beinahe-Massengeschäfte. Bei ersterem kommt es auf das Ansehen der Person gar nicht an, bei letzteren ist es nachrangig. Der Unterschied ist also gering. Erfasst sind vom Beinahe-Massengeschäft alle Verträge, die in vergleichbarer Weise mit 3-5 Personen geschlossen werden, und zwar aufgrund eines Angebotes zum Abschluss außerhalb der allerengsten Privatsphäre.[35] Selbst bei dieser weiten Auslegung kommt man zu einem Konflikt mit den Richtlinien, da Richtlinie 2004/113/EG[36] eine derart weite Ausnahme nicht vorsieht.

Fraglich ist, ob dieses Umsetzungsdefizit im Wege der richtlinienkonformen Rechtsfortbildung behoben werden kann. § 19 Abs. 1 Nr. 1 AGG als Grundtatbestand des zivilrechtlichen Diskriminierungsverbotes kann jedenfalls nicht im Wege der richtlinienkonformen Auslegung außer Anwendung bleiben. Allerdings sind die Richtlinien auf Handlungen staatlicher Akteure, die in den Anwendungsbereich des AGG fallen, quasi-unmittelbare anzuwenden. Die quasi-unmittelbare Richtlinienwirkung im Vertikalverhältnis gilt auch für fiskalische Geschäfte staatlicher Stellen, also auch im Anwendungsbereich des AGG. Zu erwägen ist darüber hinaus eine richtlinienkonforme Extension des § 19 Abs. 2 AGG durch Einschluss des Merkmals Geschlecht, da die Beschränkung der Vorschrift auf die rassistische Diskriminierung auf einer Fehlinterpretation der Richtlinien beruht und man annehmen muss, dass eine richtlinienkonforme Rechtssetzung beabsichtigt war. Dies würde auch der Verstärkung der Wirkung der europäischen Diskriminierungsrichtlinien wegen ihres menschenrechtlichen Charakters entsprechen. Erkennt man dies nicht an, so kommt in Fällen der Geschlechtsdiskriminierung außerhalb des Anwendungsbereichs des § 19 Abs. 1 AGG eine Staatshaftung wegen mangelhafter Richtlinienumsetzung in Betracht. Beispielsfälle, die zur Klärung des Unterschieds zwischen § 19 Abs. 1 Nr. 1 und Abs. 2 AGG geeignet wären, werden die Gerichte wegen der weit größeren praktischen Bedeutung der Beinahe-Massengeschäfte wohl erst spät erreichen. Ein solcher Fall wäre z.B. gegeben, wenn einer Unternehmerin ein höchst

---

Bayreuther, Kündigungsschutz im Spannungsfeld zwischen Gleichbehandlungsgesetz und europäischem Antidiskriminierungsrecht, DB 2006, 1842, 1843.

[35] Vgl. *Dammann*, Die Grenzen zulässiger Diskriminierung (2005), S. 346-348.

[36] Richtlinie 2004/113/EG des Rates vom 13.12.2004 zur Verwirklichung des Grundsatzes der Gleichbehandlung von Männern und Frauen beim Zugang zu und bei der Versorgung mit Gütern und Dienstleistungen, ABl. 2000 L 373/37.

individueller Kreditvertrag wegen ihres Geschlechts verweigert wird und sie dadurch hohe Verluste erleidet,

Auch eine Kleinvermieterausnahme, wie sie in Abs. 5 angedeutet wird, enthalten die Richtlinien nicht. Diese Ausnahme muss außer Anwendung bleiben.

4. Rechtfertigung von Ungleichbehandlungen

Fällt eine Ungleichbehandlung in den Anwendungsbereich des AGG, so liegt nicht unbedingt eine Benachteiligung vor, wenn eine Rechtfertigung gegeben ist. Bei der Fassung der Rechtfertigungsgründe gibt es das eine oder andere Problem der Richtlinienkonformität.

Im *Arbeitsverhältnis* gibt es eine generalklauselartige Rechtfertigung unter Bezug auf eine wesentliche und entscheidende berufliche Anforderung. Daneben stehen besondere Privilegien für Religionsgemeinschaften sowie erweiterte Rechtfertigungsgründe für Altersdiskriminierung. Gerade in diesem Bereich ist das auch durch die Richtlinie vorgesehen. Allerdings fand der deutsche Gesetzgeber weitere Ausnahmen, die nicht völlig gemeinschaftsrechtskonform sind: Nach § 10 Nr. 5 bleibt eine altersbedingte Kündigung immer gerechtfertigt, wenn das Rentenalter erreicht ist. In vielen Fällen wird sich eine richtlinenkonforme Ergänzungsbegründung finden, aber nicht in allen. Auch § 10 Nr. 6 geht ein wenig weiter und scheint ein kontinuierliches Ansteigen von Abfindungserwartungen mit dem Lebensalter zu ermöglichen.

Problematischer sind die weiten Rechtfertigungsmöglichkeiten nach *allgemeinem Vertragsrecht.* Auch hier gibt es eine generalklauselartige Ausnahme in § 20 Abs. 1 AGG, wonach jeder sachliche Grund eine Ungleichbehandlung, die keine rassistische Diskriminierung ist, rechtfertigen soll. Das ist mit Richtlinie 2004/113/EG nicht vereinbar, die spezifische Ausnahmen vorsieht. Nach der Gesetzesbegründung soll § 20 Abs. 1 AGG u.a. Art. 4 Abs. 5 der Richtlinie 2004/113/EG umsetzen, der eine Tatbestandsausnahme zugunsten segregierter Angebote schafft. Kein Diskriminierungsregime der Welt ist auf die völlige Einebnung kultureller Geschlechterunterschiede ausgerichtet, so dass auch jenseits der Intimsphäre „separate but equal“ Angebote für Frauen und Männer weithin akzeptiert sind.[37] Die Richtlinienbestimmung stellt solche Angebote allerdings

---

[37] Vgl. Irish High Court (2005) IEHC 235 (*Portmarnock Golf Club*): Die Existenz eines Golfclubs nur für Männer ist so lange unproblematisch wie gleichwertige Einrichtungen für Frauen angeboten werden.

unter einen strengen Rechtfertigungszwang. Sie müssen einem legitimen Ziel dienen und nicht über das hinausgehen, was zu seiner Erreichung erforderlich ist. Damit können keine Konditionendiskriminierungen gerechtfertigt werden, sondern nur Zugangsdiskriminierungen. § 20 Abs. 1 AGG ermöglicht darüber hinaus auch die Konditionendiskriminierung und ist schon daher von Art. 4 Abs. 5 2004/113/EG nicht gedeckt. Er ist folglich richtlinienkonform reduzierend dahingehend auszulegen, dass er bezüglich des Geschlechtsunterschieds nur zur Legitimierung getrennter Angebote gilt.

Weiter soll nach § 19 Abs. 3 AGG die Vermietung an Angehörige bestimmter Personengruppen zur Vermeidung sozialräumlicher Segregation zulässig sein. Fraglich ist jedoch, ob dies die Benachteiligung von Mietinteressentinnen aus ethnischen Gruppen rechtfertigt, die am Wohnungsmarkt ohnehin benachteiligt sind. Nichts anderes wird bislang vorgeschlagen: So soll Mietbewerbern aus ethnischen Minderheiten mittels harter oder weicher Quoten den Zugang zu Wohnbeständen verweigert werden, in denen der Ausländeranteil über 20 % liegt.[38] Generell gehört es nach einer empirischen Untersuchung zur Politik vieler Wohnungsbaugesellschaften, Mietbewerbern aus ethnischen Minderheiten den Zugang in solche Wohnungsbestände zu versperren, in denen besser situierte Mietparteien dominieren und so den Ghettoeffekt zu fördern anstatt ihn zu bekämpfen.[39] Nach einem aktuellen Praxisguide zum AGG soll § 19 Abs. 3 AGG die Abweisung eines kurdischen Mietbewerbers rechtfertigen können, wenn in dem Haus bereits deutsche Sozialhilfeempfänger und türkische Mieter mit einer stark nationalistischen Gesinnung wohnen, unter denen es in der Vergangenheit bereits zu tätlichen Auseinandersetzungen gekommen ist.[40] Die Empfehlung, den kurdischen Mietbewerber abzuweisen, kann nur als grob unangemessen gelten. Der Förderung der sozialen Stabilität in diesem (hoffentlich fiktiven) Beispiel würde es eher dienen, wenn die gewaltbereiten Mieter an ihre vertraglichen Pflichten erinnert würden. Die Benachteiligung von Mietinteressenten ethnischer Minderheiten lässt sich in allen drei Beispielen nicht rechtfertigen. Man kann § 19 Abs. 3 AGG richtlinienkonform als spezifische Form positiver Maßnahmen auslegen. Insoweit wäre dann die gezielte Vermietung an Angehörige von

---

[38] *Rips*, Europäische Vorgaben für das deutsche Mietrecht, WuM 2004, 175, 177.

[39] *Derleder/Sabetta*, Die Umsetzung eines Diskriminierungsverbotes im Wohnraummietrecht, WuM 2005, 3, 9 (bei grundsätzlicher Befürwortung von „Ausländer-Höchstquoten").

[40] *König*, Kleinvermieter diskriminieren nicht, Immobilienwirtschaft 2006, Heft 9.

Minderheiten in solchen Wohngebieten, in denen bisher überproportional viele Mehrheitsdeutsche wohnen, zulässig.

5. Rechtsfolgen von gesetzwidrigen Diskriminierungen

Auch bei den Rechtsfolgen von Verstößen gegen die Diskriminierungsverbote sind einige Probleme zu verzeichnen.

Das gilt insbesondere für das Arbeitsrecht. Hier gibt es ein Beschwerderecht sowie bei der Belästigung ein Leistungsverweigerungsrecht, zwei Rechtsbehelfe, die sich schon im Anwendungsbereich des Beschäftigtenschutzgesetzes (BeschSchG) als wenig praktisch erwiesen haben. Durch die Presse geistert die Schadensersatzregel, die „Diskriminierungshopper" anziehen soll. Dabei ist sie im Kreuzfeuer der EG-rechtlichen Kritik. Nach § 15 AGG ist die Rücknahme der Diskriminierung durch Einstellung, Beförderung oder Aufhebung der Kündigung in der Regel nicht als Rechtsfolge gefordert. Es wird nur Schadensersatz gewährt. Bezüglich des materiellen Schadensersatzes besteht eine Verschuldensvermutung, die widerleglich ist. Nur der immaterielle Schaden wird nach richtiger Auffassung verschuldensunabhängig gewährt.[41] Fraglich ist, ob dies dem gemeinschaftsrechtlichen Äquivalenz- und Effizienzgrundsatz entspricht.

Der Äquivalenzgrundsatz besagt, dass die gerichtspraktische Durchsetzung von Ansprüchen, die auf primärem oder sekundärem Gemeinschaftsrecht beruhen, nicht ungünstiger ausgestaltet sein darf, als dies für Ansprüche nach nationalem Recht der Fall ist. Der Effektivitätsgrundsatz besagt, dass Vorschriften des nationalen Prozessrechts der effektiven Durchsetzung des Gemeinschaftsrechts nicht entgegenstehen dürfen und ggf. unangewendet bleiben. Das entspricht dem Grundsatz der größtmöglichen Wirkung des Gemeinschaftsrechts und wurde vom EuGH gerade auf dem Gebiet des Gleichheitsrechts entwickelt. Er verlangt wirksame, verhältnismäßige und abschreckende Rechtsbehelfe[42], und dies wird in den EU Antidiskriminierungsrichtlinien nochmals positiviert.[43] Richtlinie 2004/113/EG spezifiziert zusätzlich, dass den durch Diskriminierung Benachteiligten der entstandene Schaden zu ersetzten ist (Art. 8).

Bei den arbeitsrechtlichen Rechtsfolgen des AGG ist sehr fraglich, ob der tatsächlich entstandene Schaden ersetzt wird, denn gerade der

---

[41] Schiek-*Kocher* (Fn. *), § 15 Rn. 19 f.

[42] Vgl. *Tobler*, Remedies and Sanctions in EC non-discrimination law (2005), S. 10.

[43] Näher Schick-*Schiek* (Fn. *), Vorbem. §§ 13-16 Rn. 5-12.

materielle Schadensersatzanspruch wird durch das Verschuldenserfordernis begrenzt. Führt man sich vor Augen, dass mittelbare Diskriminierung tatbestandsmäßig eine verschuldensunabhängige Ergebnisverantwortung darstellt, kann dies nicht richtig sein.

Der Weg der gemeinschaftsrechtskonformen Auslegung erlaubt hier nur, das Verschuldenserfordernis außer Anwendung zu lassen[44] – sofern denn tatsächlich der Verschuldensentlastungsbeweis gelingt.[45]

Etwas anders stellt sich – jedenfalls aus meiner Sicht – die Lage im Zivilrecht dar. Hier gewährt § 21 Abs. 1 AGG einen Gleichbehandlungsanspruch, ggf. sogar einen vorbeugenden Unterlassungsanspruch, ohne Verschulden, der den Ansprüchen aus dem UWG sowie § 33 GWB (beim Missbrauch einer marktbeherrschenden Stellung) entspricht. Daraus kann sich nach richtiger Auffassung auch ein Kontrahierungsanspruch ergeben. Die Diskriminierung ist rückgängig zu machen oder zu unterlassen. Dies kann durchaus Geldzahlungen einschließen. Daneben bestehen Schadensersatzansprüche nach demselben Muster wie im Arbeitsrecht. Ob aufgrund der großzügigeren Rechtsfolge hier die Richtlinienkonformität dennoch gegeben ist, ist umstritten.[46]

V. Fazit

Als Fazit können wir festhalten, dass unser AGG ein sehr eng an den Richtlinien angelehntes Gesetz ist, das in vielen Fällen hinter ihren Anforderungen zurückbleibt. Es handelt sich also eher um einen furchtsamen Umsetzungsversuch. Vielleicht passt das ja in ein Land, das mit Diskriminierungsschutz als Begriff wenig Erfahrung hat. Es passt leider nicht zu den europarechtlichen Vorgaben. In keinem Fall handelt es sich um eine Überimplementation. Vielmehr müssen Rechtsanwältinnen und Rechtsanwälte, um die Interessen ihrer Mandantinnen und Mandanten zu vertreten, vielfach auf die umstrittenen Wege der richtlinienkonformen Auslegung zurückgreifen. Positiv gewendet: Sie werden bei der Anwendung dieses Gesetzes mehr gebraucht als bei anderen Gesetzen! Und dies könnte vielleicht als Übergang zu Fragen der Rechtsdurchsetzung geeignet sein.

---

[44] Schiek-*Kocher* (Fn. *), § 15 Rn. 19 f.

[45] *Gaier/Wendtland*, Allgemeines Gleichbehandlungsgesetz (2006), § 4 Rn. 277.

[46] Für Richtlinienkonformität Schiek-*Schiek* (Fn. *), § 21 Rn. 22 f., für Anwendungsverbot auch insoweit Däubler/Bertzbach-*Deinert*, AGG (2007), § 21 Rn. 37 f.

§ 3 Die Rechtsdurchsetzung nach dem AGG

Eva Kocher

In der rechtspolitischen Diskussion um das AGG spielte das Argument einer möglichen Klageflut eine wichtige Rolle, genauso wie auf der anderen Seite die Befürchtung, angesichts des bereits nach dem bisherigen Recht der Geschlechtergleichberechtigung festzustellenden Umsetzungsdefizits könnten die Vorschriften des AGG nicht ausreichen. Die Regelungen über die Rechtsdurchsetzung sind für die praktische Breitenwirkung wie für Erfolg individueller Verfahrensführung von entscheidender Bedeutung. Insbesondere der Kreis möglicher Akteurinnen und Akteure sowie die Anforderungen an die Darlegungs- und Beweislast entscheiden über die Effektivität rechtlicher Regulierung.

I. Rechtsdurchsetzung im Richtlinienrecht

1. Der Grundsatz der Effektivität und seine Konkretisierungen

Eine der interessantesten neueren Entwicklungen im Europäischen Richtlinienrecht findet sich im Verfahrensrecht. Richtlinien sind für die Mitgliedstaaten hinsichtlich des zu erreichenden Ziels verbindlich, überlassen jedoch den Mitgliedstaaten die Wahl der Form und Mittel – jedenfalls soweit diese geeignet und effektiv sind.

Um eine Harmonisierung des Rechts zu erreichen, die tatsächlich Konkurrenzen zwischen den Mitgliedstaaten beseitigen und *Regime Shopping* verhindern könnte, reicht jedoch eine bloße Harmonisierung des materiellen Rechts nicht aus. Wenn das Verfahrensrecht in einem Mitgliedstaat eine effektive Rechtsdurchsetzung gewährleisten würde, in einem anderen jedoch nicht, so hätte dies Auswirkungen auf die tatsächliche Erwartungshaltung gegenüber dem materiellen Recht – und die tatsächliche Erwartungshaltung der Rechtsunterworfenen ist es, die deren Verhalten beeinflusst. Gerade in den Bereichen, in denen Verhaltenssteuerung entgegen den bestehenden Machtstrukturen auf Märkten angestrebt wird (also insbesondere im Arbeits- und Verbraucherrecht) erweist sich deshalb eine Harmonisierung der verfahrensrechtlichen Regelungen zunehmend als unumgänglich.

Rechtsgrundlage der verfahrensrechtlichen Harmonisierung ist effektiver Rechtsschutz als Ausdruck eines allgemeinen Rechtsgrundsatzes der gemeinsamen Verfassungstraditionen der Mitgliedstaaten.[1] Ungeachtet der grundsätzlichen Vollzugs- und Verfahrensautonomie der Mitgliedstaaten

---

1 EuGH v. 15.5.1986 – Rs. C-222/84 *Johnston*, Slg. 1986, I-1651 Rn. 18.

wird dieser Grundsatz der Effektivität zunehmend in Rechtsprechung und Richtliniengebung konkretisiert. In der Richtliniengebung wurden erste Schritte zu einer Konkretisierung des Effektivitätsgrundsatzes mit der Unterlassungsklagenrichtlinie 98/27/EG[2] gemacht (und entsprechenden Vorgängerregelungen zum Beispiel in der Richtlinie über missbräuchliche Klauseln in Verbraucherverträgen). Die Antidiskriminierungsrichtlinien, zu deren Umsetzung das AGG dient, gehen einen Schritt weiter. Hierin unterscheidet sich die neue Richtliniengeneration von dem Diskriminierungsschutz der 70er und 80er Jahre.[3] Deutlich zeigt sich dies im unmittelbaren Vergleich der Richtlinie 76/207/EWG[4] in ihrer ursprünglichen Fassung und der Fassung in der Reform durch Richtlinie 2002/73/EG[5]: Die neuen Antidiskriminierungsrichtlinien benennen konkrete Institutionen und Instrumente (wie die Beteiligung von Antidiskriminierungsverbänden oder die Schaffung von Antidiskriminierungsstellen), die bei der effektiven Umsetzung behilflich sein sollen.

2. *Fragmentarische Qualität der Richtlinienvorgaben zum Rechtsschutz*

Was für die Rechtsvergleichung gilt, gilt auch für die Harmonisierung: Die verfahrensrechtlichen Rechtstraditionen in den Mitgliedstaaten unterscheiden sich gravierend und prägen die Rechtskultur weit stärker, als dies bei einzelnen materiellrechtlichen Regelungen der Fall ist. Die Wirksamkeit der Rechtsdurchsetzung ist immer das Ergebnis eines komplexen Zusammenspiels von Sanktionen, Beweislastverteilungen, prozessualen

---

[2] Richtlinie 98/27/EG des Europäischen Parlaments und des Rates vom 19.5.1998 über Unterlassungsklagen zum Schutz der Verbraucherinteressen, ABl. 1998 L 166.

[3] Ausführlich *Kocher*, Instrumente einer Europäisierung des Prozessrechts – Zu den Anforderungen an den kollektiven Rechtsschutz im Antidiskriminierungsrecht, ZEuP 2004, 260–275.

[4] Richtlinie 76/207/EWG des Rates vom 9.2.1976 zur Verwirklichung des Grundsatzes der Gleichbehandlung von Männern und Frauen hinsichtlich des Zugangs zur Beschäftigung, zur Berufsbildung und zum beruflichen Aufstieg sowie in Bezug auf die Arbeitsbedingungen ABl. 1976 L 39/40.

[5] Richtlinie 2002/73/EG des Europäischen Parlaments und des Rates vom 23.9.2002 zur Änderung der Richtlinie 76/207/EWG des Rates zur Verwirklichung des Grundsatzes der Gleichbehandlung von Männern und Frauen hinsichtlich des Zugangs zur Beschäftigung, zur Berufsbildung und zum beruflichen Aufstieg sowie in Bezug auf die Arbeitsbedingungen (Text von Bedeutung für den EWR), ABl. 2002 L 269/15.

Vorschriften und eines Zusammenwirkens von Einzelpersonen, öffentlichen und privaten Institutionen sowie Gerichten. Im Diskriminierungsschutz erscheint die Harmonisierung nicht zuletzt deshalb so schwierig, weil es hier in den meisten Mitgliedstaaten bereits die unterschiedlichsten Institutionen und Institute gibt, die zueinander funktional äquivalent sein können.

Für die Rechtsdurchsetzung lassen sich dabei unterschiedliche Konzepte unterscheiden. Nach Rechtscharakter und Akteur/innen lassen sich Ansätze der staatlichen Überwachung und des Strafens, individualprivatrechtliche Ansätze, staatsorientierte Ansätze der mittelbaren Steuerung (z.B. im Steuer-, Subventions- oder Vergaberecht) sowie kollektiv-regelungsorientierte, zukunftsgerichtete Ansätze unterscheiden.[6] Diesen sind in der Regel unterschiedliche Durchsetzungsverfahren zugeordnet (Verwaltungs- und Gerichtsverfahren, alternative Konfliktlösung, Kollektivverhandlungen). Die Ansätze folgen unterschiedlichen Gleichheits- und Gerechtigkeitskonzepten, solchen der Individualgerechtigkeit, der kollektiven und gesellschaftlichen Gerechtigkeit oder Konzepten der prozeduralen und partizipativen Gerechtigkeit.[7]

Konkret heißt dies: Einige Mitgliedstaaten (wie Frankreich) legen traditionell Wert auf die strafrechtliche Verfolgung arbeitsrechtlicher Verstöße.[8] Andere Mitgliedstaaten setzen auf unabhängige Regierungsstellen; Paradebeispiele sind die britischen Kommissionen (*Equal Opportunities Commission EOC, Commission for Racial Equality CRE, Disability Rights Commission DRC,* ab Oktober 2007 *Commission for Equality and Human Rights CEHR*) oder die österreichische Gleichbehandlungskommission in ihrer Zusammenarbeit mit der Gleichbehandlungsanwaltschaft. Im angloamerikanischen und im skandinavischen Rechtsraum übernehmen diese Stellen häufig auch Aufgaben der alternativen Konfliktlösung und treten insofern in Konkurrenz zum gerichtlichen Rechtsschutz bzw. ergänzen diesen.[9] In den romanischen Ländern gibt es regelmäßig Verbandsklage-

---

[6] Siehe dazu insbesondere das Konzept der vier Generationen *McCrudden*, Regulating Discrimination: Advice to a Legislator on Problems Regarding the Enforcement of Anti-Discrimination Law and Strategies to Overcome Them, in: Loenen/Rodrigues (Hrsg.), Non-Discrimination Law: Comparative Perspectives (1999), S. 295 ff.

[7] *McCrudden* (Fn. 6), S. 295 ff.; vgl. *Kocher*, Geschlechterdifferenz und Staat, KJ 1999, 182–202.

[8] *Latraverse*, Panorama de la jurisprudence en matière de discrimination (2005), <http://www.cnb.avocat.fr/PDF/colloques/2005-12-12_discrimination-actes_latraverse.pdf>, S. 6; S. 10 ff.

[9] Siehe die zahlreichen Beiträge in *Loenen/Rodrigues* (Fn. 6).

befugnisse der Gewerkschaften. Deutschland sowie die Beitrittsländer des osteuropäischen Raumes gehörten zu den wenigen Mitgliedstaaten, die vor Erlass der Richtlinien noch keine über den Individualrechtsschutz hinausgehenden Umsetzungsinstrumente im Regelungsbereich der Antidiskriminierungsrichtlinien kannten.

3. Überblick über die Instrumente der Rechtsdurchsetzung

Welche Anforderungen sich aus dem Effektivitätsgebot konkret für das jeweilige nationale Recht ergeben, ist von den nationalen Durchsetzungsstrukturen insgesamt abhängig. Entsprechend vorsichtig und auf niedrigem Niveau agiert die aktuelle Harmonisierungspolitik. Im Zentrum der verfahrensrechtlichen Harmonisierung steht noch immer der allgemeine Effektivitätsgrundsatz: „Sanktionen müssen wirksam, verhältnismäßig und abschreckend sein."

Konkret hat sich die bisherige Rechtsprechung des EuGH bislang vor allem mit Sanktionen im engeren Sinn befasst. Im deutschen Recht sind bereits zwei Vorläuferregelungen des bisherigen § 611a BGB am Effektivitätsgebot gescheitert.[10] Nach den Vorgaben des EuGH kann „wirkliche Chancengleichheit" nicht ohne eine geeignete Sanktionsregelung erreicht werden. Die Eignung der Sanktionen bestimmt sich am Ziel eines tatsächlichen und wirksamen Rechtsschutzes und der Erzielung einer wirklich abschreckenden Wirkung gegenüber dem Arbeitgeber.[11]

Darüber hinaus enthalten alle Antidiskriminierungsrichtlinien Regelungen über die Beweislast, die Unterstützung durch Antidiskriminierungsverbände und ein Viktimisierungs- bzw. Maßregelungsverbot. Die Antirassismusrichtlinien 2000/43/EG[12] sowie die Richtlinien zur Geschlechtergleichbehandlung 2002/73/EG und 2004/113/EG[13] verpflichten die Mitgliedstaaten außerdem zur Einrichtung einer Stelle zur unabhängigen Förderung der Gleichstellung.

---

[10] EuGH v. 22.4.1997 – Rs. C-180/95 *Draehmpaehl*, Slg. I-1997, I-2195; EuGH v. 10.4.1984 – Rs. C-14/83 *v. Colson und Kamann*, Slg. 1984, 1891.

[11] EuGH v. 2.8.1993 – Rs. C-271/91 *Marshall II*, Slg. I-1993, I-4367; EuGH 10.4.1984 – Rs. C-14/83 *v. Colson und Kamann*, Slg. 1984, 1891.

[12] Richtlinie 2000/43/EG des Rates vom 29. 6.2000 zur Anwendung des Gleichbehandlungsgrundsatzes ohne Unterschied der Rasse oder der ethnischen Herkunft, ABl. 2000 L 180/22.

[13] Richtlinie 2004/113/EG des Rates vom 13.12.2004 zur Verwirklichung des Grundsatzes der Gleichbehandlung von Männern und Frauen beim Zugang zu und bei der Versorgung mit Gütern und Dienstleistungen, ABl. 2004 L 373/37.

II. Rechtsdurchsetzung nach dem AGG: Finanzieller Ausgleich und Darlegungs- und Beweislast

Das deutsche Recht vertraut mit dem AGG fast ausschließlich auf eine privatrechtliche Lösung und verzichtet auf öffentlich-rechtliche Elemente wie Bußgelder oder behördliche Aufsicht. Das AGG ist insofern ein Gesetz mit individualrechtlichem Ansatz, der punktuell durch institutionelle und kollektive Instrumente „flankiert“[14] wird. Diesen Flankenschutz sollen die §§ 17 AGG und 23 AGG sowie die Antidiskriminierungsstelle des Bundes (§§ 25 ff. AGG) gewährleisten. Nach § 27 Abs. 2 Satz 2 Nr. 1 AGG dient die Antidiskriminierungsstelle dabei als Lotsin, die über Ansprüche und die Möglichkeiten des rechtlichen Vorgehens informieren soll.

1. Schadensersatz und Entschädigung §§ 15 und 21 AGG

In der Sanktionsfrage hat sich der Gesetzgeber in europarechtliche Untiefen begeben und erhebliche Rechtsunsicherheit geschaffen, indem er die Rechtsprechung des Europäischen Gerichtshofs zur Grundstruktur von Ersatzansprüchen ignoriert hat. Denn der Europäische Gerichtshof hat wiederholt nicht nur verlangt, dass eine vollständige schadensrechtliche Wiederherstellung für den/die Geschädigten möglich sein muss,[15] sondern auch, dass ein objektiver Verstoß unter Verzicht auf ein Verschuldenserfordernis sanktioniert werden muss.[16] Die Europarechtswidrigkeit von § 15 Abs. 1 Satz 2 AGG liegt insofern auf der Hand,[17] das gleiche gilt für § 15 Abs. 3 AGG sowie § 21 Abs. 2 Satz 2 AGG. Man wird jedenfalls § 15 Abs. 2 AGG und § 21 Abs. 2 Satz 3 AGG so interpretieren müssen, dass der Ersatz des Nichtvermögensschadens unabhängig vom Verschulden ist.[18]

Europarechtlich problematisch erscheinen auch die kurzen Geltendmachungsfristen von zwei Monaten in § 15 Abs. 4 AGG und § 21 Abs. 5 AGG, zuzüglich dreier Monate für die gerichtliche Geltendmachung arbeitsrechtlicher Ansprüche nach § 61b ArbGG.[19] Die Tatsache, dass

---

[14] Begründung des Regierungsentwurfs, BT-Drs. 14/4538, S. 27.

[15] EuGH v. 2.8.1993 – C-271/91 *Marshall II*, Slg. 1993, I-4367.

[16] EuGH v. 22.4.1997 – C-180/95 *Draehmpaehl*, Slg. 1997, I-2195 ff.

[17] *Wagner/Potsch*, Haftung für Diskriminierungsschäden nach dem AGG, JZ 2006, 1085, 1091 („offenkundig“).

[18] *Wagner/Potsch*, JZ 2006, 1085, 1091; siehe auch Schiek-*Kocher*, Allgemeines Gleichbehandlungsgesetz (AGG) (2007), § 15 Rn. 19 ff., Rn. 26 ff.

[19] Vgl. *Wagner/Potsch*, JZ 2006, 1085, 1092. Der Vergleich mit der längeren

hier nur schriftliche Geltendmachung verlangt wird, macht die Frist nicht wesentlich leichter realisierbar, verlangt sie doch auf jeden Fall eine Formalisierung der Geltendmachung, die im Zweifel konfliktverschärfend wirken wird und Ansätze zur gütlichen Einigung frühzeitig zunichte machen kann. Angesichts der hohen Zugangsbarrieren zum Rechtsschutz, die in diesem Bereich bestehen, wird dies dazu beitragen, dass die am stärksten Benachteiligten bzw. die sich am stärksten benachteiligt Fühlenden häufig nicht die Gelegenheit ergreifen werden, ihre Ausgeschlossenheit zu einem Thema für das Recht zu machen.

Was die Rechtsfolgen angeht, so begründet eine Benachteiligung gemäß § 15 Abs. 6 AGG im Arbeitsrecht zunächst keinen Anspruch auf Begründung eines Beschäftigungsverhältnisses oder einen beruflichen Aufstieg – während im Zivilrecht nach § 21 Abs. 2 AGG als Teil des positiven Interesses ein Anspruch auf Vertragsschluss in Betracht kommen kann.

Die Bemessung des Schadensersatzes und der Entschädigung ausführlich zu behandeln, würde den Rahmen dieses Beitrags sprengen. Kompensations- und Präventionsfunktion des Schadensersatzes sind hier jedenfalls aufeinander bezogen.[20] Klar erscheint auch, dass jede Benachteiligung im Sinne des Gesetzes einen Mindestschaden mit sich bringt. Ob Inklusionsinteresse bzw. „Nichtberücksichtigungsschaden" immaterielle oder materielle Schadenselemente darstellen, ist noch nicht abschließend geklärt.[21]

2. Verteilung der Darlegungs- und Beweislast nach § 22 AGG

Gegenstand der Beweislastregelung sind drei Fragen: Beweismittel, Beweisgegenstand und Beweismaß.

a) Beweismittel

Nach dem europarechtlichen Verschlechterungsverbot[22] darf die Beweissituation der Rechtsinhaber durch die Richtlinienumsetzung im Vergleich

---

Frist nach dem früheren § 611a Abs. 4 BGB a.F. legt auch einen Verstoß gegen das Verschlechterungsgebot nahe.

[20] *Wagner/Potsch*, JZ 2006, 1085, 1088; siehe auch *Körner*, Zur Aufgabe des Haftungsrechts – Bedeutungsgewinn präventiver und punitiver Elemente, NJW 2000, 241–246.

[21] *Wagner/Potsch*, JZ 2006, 1085, 1095. Ausführlich Schiek-*Kocher* (Fn. 18), § 15 Rn. 33.

[22] Art. 8e Abs. 2 RL 76/207EWG (geändert durch RL 2002/73/EG); Art. 8 Abs. 2 RL 2000/78/EG.

zur vorher geltenden Rechtslage nicht verschlechtert werden. § 611a BGB verlangte für die Darlegung einer Diskriminierung wegen des Geschlechts im Arbeitsrecht die Glaubhaftung von Indizien. Dieser Begriff hatte jedoch auch bisher schon nichts mit dem Begriff der Glaubhaftmachung nach § 294 ZPO zu tun, der als Beweismittel über den Zeugen-, Sachverständigen-, Urkunds- und Augenscheinsbeweis hinaus auch die eidesstattliche Versicherung zulässt.

Die Frage nach den Beweismitteln entstand im deutschen Recht lediglich aufgrund einer missverständlichen Übersetzung der Richtlinien. In den englischen bzw. französischen Fassungen heißt es insofern „*establish*" bzw. „*établir*". Überwiegend wurde schon zum bisherigen Recht angenommen, dass hier Glaubhaftmachung im Sinne des § 294 ZPO nicht in Betracht komme.[23] So hat dies auch das BAG in seinen Entscheidungen zu § 611a BGB und § 81 Abs. 2 SGB IX gesehen.[24] Als Beweismittel kommen damit lediglich der Zeugenbeweis, Urkundsbeweis, die Augenscheineinnahme sowie der Sachverständigenbeweis in Betracht. Dabei sind bestehende Beweisverwertungsverbote zu beachten. Ein Beweismittel ist nicht schon deshalb auf unzulässige Weise erlangt, weil das Indiz durch ein gezieltes *Testing* erlangt wurde.[25]

b) Beweisgegenstand und Beweiserleichterung

Als Beweisgegenstand kommen bei einem Benachteiligungstatbestand nach dem AGG unterschiedliche Tatsachen in Betracht. Dabei ist man sich im Wesentlichen darüber einig, dass Kläger oder Klägerin die getroffene Maßnahme sowie die Benachteiligung/ungünstigere Behandlung gegenüber anderen sowie das Eintreten eines Schadens und die haftungsausfüllende Kausalität zu beweisen hat. Wo der Anspruch dies voraussetzt und keine spezielle Beweislastregelung gilt, wäre nach § 22 AGG auch das Verschulden der anderen Seite zu beweisen. Denn die Beweislasterleichterung

---

23 Siehe zum Beispiel Münchener Kommentar-*Müller-Glöge*, BGB (4. Aufl. 2005), § 611a BGB, Rn. 80; *Scholten*, Diskriminierung im Privatrecht? – Beweis- und verfahrensrechtliche Probleme der Umsetzung der Richtlinie 2000/43/EG (2004), S. 112 ff; für das AGG *Hoentzsch*, Europarechtskonformität und Auslegung der Beweislastregelung in § 22 AGG, DB 2006, 2631, 2633; *Windel*, Der Beweis diskriminierender Benachteiligungen, RdA 2007, 1, 4.

24 BAG, NJW 2004, 2112–2116; BAG, AP Nr. 7 zu § 81 SGB IX.

25 Siehe auch Cass.crim., 11.6.2002, No 01-85.559 für das französische Strafverfahren; genauer zur Entwicklung der Rechtsprechung *Latraverse* (Fn. 8), S. 10 ff.

nach den Richtlinien bzw. nach dem jetzigen § 22 AGG betrifft nach überwiegender Meinung lediglich den Zusammenhang zwischen Merkmal und Nachteil, also die Frage, ob eine unterschiedliche Behandlung auf einem in § 1 AGG genannten Grund beruht.[26] Dies hat auch das BAG in seiner Entscheidung vom 5. Februar 2004 für den bisherigen § 611a Abs. 1 Satz 3 BGB entschieden.[27]

Die Beweiserleichterung besteht darin, dass es ausreicht, Indizien bzw. Tatsachen, die einen solchen Zusammenhang vermuten lassen, zu beweisen. Dies entspricht allgemeinen Grundsätzen des deutschen Beweisrechts, wonach die Anforderungen an die Darlegungs- und Beweislast unter anderem danach zu bestimmen sind, im Einflussbereich welcher Partei sich bestimmte Vorgänge ereignet haben und welche Informationen einer Prozesspartei überhaupt zugänglich sind.

Indizien lassen eine verbotswidrige Benachteiligung im Sinne des § 22 AGG vermuten, wenn diese wahrscheinlich erscheint und anzunehmen ist.[28] Die Indizien müssen also keinen zwingenden Schluss auf die Diskriminierung zulassen. Es reicht aus, wenn nach allgemeiner Lebenserfahrung eine (und sei es nur leicht) überwiegende Wahrscheinlichkeit für eine Benachteiligung aus Gründen des § 1 AGG besteht.[29] Die Wahrscheinlichkeit muss 50% oder mehr betragen.[30]

Rechtsfolge der Feststellung einer überwiegenden Wahrscheinlichkeit für den diskriminierenden Grund der Ungleichbehandlung ist eine anschließende Verlagerung der Beweislast.[31]

---

[26] BT-Drs. 15/4538, S. 45; so auch *Stork*, Das Anti-Diskriminierungsrecht der Europäischen Union und seine Umsetzung in das deutsche Zivilrecht (2006), S. 311; a.A. *Windel*, RdA 2007, 1, 2; ausführlich *Prütting*, Beweisrecht und Beweislast im arbeitsgerichtlichen Diskriminierungsprozess, in: Oetker u.a. (Hrsg.), Festschrift 50 Jahre BAG (2004), S. 1311, 1316.

[27] BAG, NJW 2004, 2112–2116; ähnlich BAG, AP Nr. 7 zu § 81 SGB IX.

[28] *Dammann*, Die Grenzen zulässiger Diskriminierung im allgemeinen Zivilrecht (2005), S. 378 ff.

[29] BAG, NJW 2004, 2112–2116; ArbG Düsseldorf, DB 2000, 381–382; *Grobys*, Die Beweislast im Anti-Diskriminierungsprozess, NZA 2006, 898, 900; *Dammann* (Fn. 28), S. 316 ff. ausführlich zu entsprechenden Argumenten aus der Entstehungsgeschichte der Richtlinien.

[30] *Stork* (Fn. 26), S. 310. Wann dies der Fall ist, entscheidet das Gericht, *Windel*, RdA 2007, 1, 6.

[31] BT-Drs. 15/4538, S. 45; *Stork* (Fn. 26), S. 310 f; *Dammann* (Fn. 28), S. 378 ff.; BAG, NJW 2004, 2112–2116; BAG, AP Nr. 7 zu § 81 SGB IX.

c) Gegenstand der Darlegungs- und Beweislast des Anspruchsgegners

Hält das Gericht auf Grund erbrachter Indizien für wahrscheinlich, dass die Benachteiligung auf einem Grund nach § 1 AGG beruht, so entfällt die Vermutungswirkung nicht schon dann, wenn diese Wahrscheinlichkeit entkräftet wird. Es ist nur der Beweis des Gegenteils zulässig[32]. Damit muss nach Eintritt der Vermutungswirkung zur vollen Überzeugung des Gerichts bewiesen werden, dass dem Verhalten keine Diskriminierung zu Grunde lag bzw. andere als in § 1 AGG genannte, sachliche Gründe die unterschiedliche Behandlung rechtfertigen oder die unterschiedliche Behandlung wegen eines in § 1 AGG genannten Grundes ausnahmsweise zulässig ist.

Die größte Bedeutung wird praktisch dem Beweis des Vorliegens rechtfertigender Gründe zukommen. Insofern kommt der Nachweis in Betracht, dass Gründe im Sinne der §§ 5, 8–10 AGG eine differenzierende Behandlung rechtfertigen, oder der Nachweis der sachlichen Rechtfertigung im Sinne des § 3 Abs. 2 AGG für eine mittelbare Diskriminierung[33].

Als tatbestandsausschließende Gründe kommen grundsätzlich in Betracht erschöpfte Kapazität einer Ware, mangelnde Zahlungsfähigkeit des Kunden, Forderungsrückstände oder ähnliches.[34] Welche Gegentatsachen im Einzelnen in Betracht kommen, hängt vom verwendeten Indiz ab. Besteht dieses in einem früheren Verhalten oder einer Statistik, so kann es ausreichen, wenn der Anspruchsgegner zeigt, dass er ausreichende Änderungen unternommen hat. Zu beachten bleibt immer, dass eine unzulässige Diskriminierung materiellrechtlich schon dann vorliegt, wenn das verbotene Merkmal nur ein Aspekt der Auswahl war. So kann sich ein Arbeitgeber von einer Vermutung der Diskriminierung nur entlasten, wenn er nachweist, dass das fragliche, soziale Merkmal des Bewerbers auch als noch so untergeordneter Aspekt in einem Motivbündel überhaupt keine Rolle bei seiner Entscheidung gespielt hat.[35]

Zu beachten bleibt des Weiteren, dass es nicht ausreicht, Kriterien zu benennen, die die Differenzierung rechtfertigen würden. Vielmehr muss nachgewiesen werden, dass die nicht diskriminierenden Kriterien im fraglichen Fall tatsächlich (und zwar ausschließlich) angewandt wurden. Daraus ergibt sich, dass Gründe, die zum Zeitpunkt des als diskriminierend angegriffenen Verhaltens noch nicht vorlagen, für den Beweis

---

32 So auch *Windel*, RdA 2007, 1, 6.

33 *Prütting*, FS 50 Jahre BAG (2004), S. 1311, 1319.

34 *Stork* (Fn. 26), S. 240.

35 Siehe BVerfGE 89, 276 ff.

des Gegenteils nicht geeignet sind. Insofern ist ein „Nachschieben" von Gründen materiell-rechtlich nicht zulässig.[36] Mittelbar ergibt sich so eine Obliegenheit zur Dokumentation. Denn eine Dokumentation erleichtert den Nachweis, dass bestimmte Gründe nicht nachträglich vorgebracht werden (und insofern möglicherweise vorgeschoben sind), sondern bereits im Zeitpunkt des als diskriminierend angegriffenen Verhaltens vorlagen.

d) Beweismaß

Zu klären bleibt noch die Frage des Beweismaßes beim Indizienbeweis. Denn § 22 AGG formuliert hierzu, die Indizien seien zu *„beweisen"*, während es in den Richtlinien und den bisherigen deutschen Regelungen heißt, die Tatsachen seien *„glaubhaft zu machen"*.

„Beweis" würde bedeuten, dass das Beweismaß des § 286 ZPO anzuwenden wäre und volle Überzeugung des Gerichts von der Wahrheit oder Nichtwahrheit der streitigen tatsächlichen Behauptung zu erreichen wäre. Problematisch ist dies deshalb, weil die Richtlinien ausdrücklich unterscheiden zwischen dem „Beweis", den der Anspruchsgegner vorzubringen hat (*prove, preuve*), und der „Glaubhaftmachung", die von Klägerseite zu erbringen ist (*establish, établir*). Dies deutet darauf hin, dass die Richtlinien mit dieser Formulierung eine weitere Senkung des Beweismaßes beabsichtigt haben.[37] Dafür spricht auch, dass in der Praxis zum Teil die Erfahrung gemacht wurde, dass Gerichte selbst dann nicht zur Überzeugung von einer Benachteiligung kommen, wenn die vorliegenden Tatsachen den Schluss durchaus nahe legen. So musste für das Vereinigte Königreich der *Court of Appeal* in einer Leitentscheidung im Jahre 1991 (*King ./. China Center*) die Gerichte erst ausdrücklich darauf hinweisen, dass festgestellte Tatsachen realitätsnah und unter Berücksichtigung tatsächlicher Wahrscheinlichkeiten zu interpretieren seien; auch Tatsachen, die indirekt auf das Vorliegen von Diskriminierung hinweisen, könnten als Beweis einer Diskriminierung gewertet werden.[38] In Deutschland hat eine Untersuchung der Umsetzung des Beschäftigtenschutzgesetzes (BeschSchG) ergeben, dass in arbeitsgerichtlichen Verfahren – anders als in disziplinarrechtlichen – in Fällen sexueller Belästigung häufig unrealistische Anforderungen an die Beweisbarkeit der Belästigungshandlungen gestellt

---

[36] So im Ergebnis auch *Prütting*, FS 50 Jahre BAG (2004), S. 1311, 1320.

[37] So auch *Windel*, RdA 2007, 1, 3 f.; ausführlich *Scholten* (Fn. 23), S. 101, 110 ff.

[38] *King ./. GB China Center* (1992) ICR 516 (CA).

würden.[39] So ließe sich eine ausdrückliche Regelung über die Senkung des Beweismaßes jedenfalls begründen.

Eine gewisse Senkung des Beweismaßes, wenn auch in indirekter Form, liegt nun bereits darin, dass für den Nachweis des Diskriminierungsgrundes Indizien ausreichend sind. Nach Meinung des BAG (zu § 81 SGB IX) gilt hinsichtlich der Indizien selbst keine weitere Beweismaßverringerung, sondern es ist die „Überzeugung“ von einer überwiegenden Wahrscheinlichkeit für die Kausalität zwischen Merkmal und Nachteil erforderlich.[40] In der Literatur heißt es allerdings auch, erforderlich sei nicht die Überzeugung von den Tatsachen, sondern nur die Überzeugung von der (überwiegenden) Wahrscheinlichkeit.[41] In der Praxis werden die unterschiedlichen Ansätze aber meist nicht zu verschiedenen Ergebnissen führen.

3. Indiztatsachen bei unmittelbarer Diskriminierung[42]

a) Diskriminierende Äußerungen

Mehr als nur ein Indiz für einen diskriminierenden Hintergrund einer Benachteiligung ist es zunächst, wenn eine Auswahlregel bei der unterschiedlichen Benachteiligung bestand, bei der das verpönte Merkmal ausdrücklich eine Rolle gespielt hat. Die Bemerkung, die Tätigkeit sei für eine Frau nicht geeignet, diskriminierende Äußerungen im Vorstellungsgespräch bzw. gegenüber der betrieblichen Interessenvertretung oder andere ausdrückliche Verweise auf das verpönte Merkmal der Benachteiligten[43] werden in der Regel geeignet sein, die volle Überzeugung des Gerichts vom Vorliegen einer Benachteiligung im Sinne des § 286 ZPO zu begründen. Der Rückgriff auf § 22 AGG erübrigt sich dann meist.[44] Denn materiell-rechtlich reicht es für die Feststellung einer unmittelbaren Benachteiligung im Sinn von § 3 Abs. 1 AGG aus, dass in

---

39 *NFO Infratest/Baer*, Die Umsetzung des Beschäftigtenschutzgesetzes in der Praxis – Bericht für das Bundesministerium für Familie, Senioren, Frauen und Jugend, 2002, S. 132 ff.

40 BAG, AP Nr. 7 zu § 81 SGB IX.

41 So die Formulierung Münchener Kommentar-*Müller-Glöge* (Fn. 23), § 611a BGB Rn. 81; für das neue Recht *Bauer/Thüsing/Schunder*, Das AGG – Alter Wein in neuen Schläuchen?, NZA 2006, 774. Nicht ganz deutlich wird hier, ob tatsächlich die Wahrscheinlichkeit der Indiztatsachen gemeint ist.

42 Siehe ausführlich Schiek-*Kocher* (Fn. 18), § 22 Rn. 21 ff.

43 Siehe zum Beispiel BVerfGE 89, 276 ff.

44 *Scholten* (Fn. 23), S. 93 ff.

dem Motivbündel, das die Entscheidung des Anspruchsgegners beeinflusst hat, das verbotene Merkmal als Kriterium enthalten ist.[45] Ähnliches gilt für diskriminierende Äußerungen des Arbeitgebers bzw. seiner Repräsentanten gegenüber Dritten oder dem/der Betroffenen selbst.[46]

Ein expliziter Verweis mit Indizwirkung ist auch gegeben, wenn bei der Anfrage eines Bewerbers ausdrücklich nach dem Vorliegen einer Behinderung, nach der ethnischen Herkunft, Religion, Weltanschauung oder der sexuellen Orientierung gefragt und im Anschluss eine Absage erteilt wird (insbesondere, aber nicht nur, wenn nach Erfahren der ethnischen Zugehörigkeit ein „Sinneswandel" erfolgt).[47]

b) Diskriminierende Zielgruppenauswahl

Im Erwerbsleben kann sich nach allgemeiner Ansicht ein tatsächlicher Anhaltspunkt für eine verbotene Benachteiligung bei der Einstellung oder Beförderung daraus ergeben, dass eine Stellenausschreibung nicht den Bestimmungen des § 11 AGG entsprach.[48]

Im sonstigen Wirtschaftsleben, insbesondere auf Verbrauchsgütermärkten, gilt dasselbe entsprechend für den Fall, dass die Werbung für ein Produkt oder die Ausschreibung einer Leistung ausdrücklich Personen mit einem bestimmten, der in § 1 AGG erwähnten Merkmale ausschließen, oder sich ausdrücklich nur an Personen mit einem bestimmten Geschlecht oder Alter, einer bestimmten ethnischen Zugehörigkeit, Religion oder sexuellen Identität richten.

c) Vergleichspersonen

In der Diskussion gilt eine bestimmte Konstellation als besonders problematisch: Kann es möglicherweise als Indiz für eine Benachteiligung ausreichen, eine nachteilige Behandlung im Vergleich zu einer Person mit gegenteiliger/anderer Merkmalsausprägung erfahren zu haben?

---

45 BVerfGE 89, 276 ff. = AP Nr. 9 zu § 611a BGB mit zust. Anm. *Schlachter.*

46 Münchener Kommentar-*Müller-Glöge* (Fn. 23), § 611a BGB Rn. 82; *Scholten* (Fn. 23), S. 95; *Grobys*, NZA 2006, 898, 902 (jedenfalls dann, wenn ein konkreter Bezug möglich ist).

47 *Scholten* (Fn. 23), S. 95.

48 BT-Drs. 15/4538, S. 45; BAG, NJW 2004, 2112–2116; ArbG Düsseldorf, DB 2000, 381–382; in diese Richtung auch schon BVerfGE 89, 276 ff.

Hier ist zu differenzieren: Tatsächlich kann sich die Wahrscheinlichkeit einer Benachteiligung wegen eines der Merkmale daraus ergeben, dass einer Vergleichsperson, die nicht diese Merkmalsausprägung aufweist, die Leistung gewährt wird. So ergibt sich eine überwiegende Wahrscheinlichkeit der Diskriminierung aufgrund des Geschlechts zum Beispiel, wenn statt der Bewerberin ein Mann eingestellt wird, der nach dem Kenntnisstand des Arbeitgebers im Zeitpunkt der Absage gleich oder sogar geringer qualifizierter ist. Dies gilt allerdings nur bei Vergleichbarkeit der Personen im Übrigen.

Für die Bestimmung der Vergleichbarkeit ist der Wissensstand der anderen Vertragspartei in dem Zeitpunkt maßgeblich, zu dem die ablehnende Entscheidung erging. Beim Vertragsabschluß ist die Vergleichbarkeit dabei aufgrund der nicht benachteiligenden subjektiven Kriterien zu beurteilen, die die andere Vertragspartei verwendet. Schließlich begründet auch das AGG keine Pflicht privatrechtlich tätiger Personen, nach sachlichen Kriterien auszuwählen und Leistungen zu gewähren. Die Vergleichbarkeit bestimmt sich deshalb in erster Linie nach der Stellenausschreibung, sonstigen öffentlichen Informationen und weiteren Kriterien des Arbeitgebers bzw. Unternehmens selbst.

Sind die subjektiven Entscheidungskriterien unbekannt, so ist auf die objektive Vergleichbarkeit abzustellen. Zwei Personen sind objektiv vergleichbar, wenn im Falle der Benachteiligung beim Vertragsschluss ihre sachlichen Qualifikationen für den Vertragsschluss nach objektiven Kriterien vergleichbar sind. Im Falle der Begründung eines Ausbildungs- oder Beschäftigungsverhältnisses und beim beruflichen Aufstieg kommt es insofern auf die Qualifikation für die angestrebte Tätigkeit an. Im Falle der Begründung eines Mietverhältnisses sowie beim Abschluss von Darlehensverträgen kommt es auf objektive Kriterien der Kreditwürdigkeit an.

Dies gilt insbesondere bei einer undurchschaubaren Unternehmenspolitik, die keine Rückschlüsse auf die verwendeten Regeln und Motivationen zulässt. Dem Anspruchsteller fehlen dann jegliche Information über die Verhaltensgründe bzw. über die Differenzierungskriterien der Gegenseite.[49] Die Vergleichbarkeit von Beschäftigten oder anderen Teilnehmer/innen am Wirtschaftsverkehr lässt sich bei Unklarheit und Undurchschaubarkeit der Differenzierungskriterien der anderen Seite ebenfalls nur aus der

---

[49] *Prütting*, FS 50 Jahre BAG (2004), S. 1311, 1323; siehe auch *Hanau*, Die Beweislast bei Klagen wegen Benachteiligung bei Einstellungen und Beförderungen von Arbeitnehmern wegen des Geschlechts, in: Däubler (Hrsg.), Festschrift für Gnade (1992), S. 365 f. für einen Auskunftsanspruch hinsichtlich der Qualifikationen konkurrierender Bewerber/innen.

objektiven Vergleichbarkeit ableiten – die Maßstäbe hierfür werden sich in der Regel aus der sachlichen Qualifikation für das angestrebte Geschäft ergeben. Zur Anwendung dieser Grundsätze kommt es nicht darauf an, ob die Intransparenz vorwerfbar oder aus anderen Gründen zu vertreten ist.[50] Werden Gegenstände des täglichen Bedarfs allgemein und/oder öffentlich ohne weitere Einschränkungen angeboten und dann dem/der Angehörigen einer ethnischen Minderheit verweigert, so wird dies in der Regel ein ausreichendes Indiz für eine Diskriminierung sein, wenn dem Unternehmen die Minderheitenzugehörigkeit bekannt war.[51]

Die Antwort auf die Ausgangsfrage lautet also: Es kann als Indiz für eine Benachteiligung ausreichen, eine nachteilige Behandlung im Vergleich zu einer Person mit gegenteiliger/anderer Merkmalsausprägung erfahren zu haben, wenn das Unternehmen bzw. der Arbeitgeber nicht in der Lage ist, Gründe für die Ablehnung anzugeben. Insofern ist das AGG Teil eines rechtlichen Ansatzes zur Modernisierung und Rationalisierung von gesellschaftsrevelanten Unternehmenspolitiken, insbesondere Personalpolitiken.

d) Testings

Ein Unterfall des Vergleichs mit einer Vergleichsperson sind so genannte *Testings*. Auch sie können die Vermutungswirkung des § 22 AGG begründen.[52] Bei *Testing-Verfahren* werden Testpersonen bzw. Testbewerber/innen eingesetzt, um zu überprüfen, ob ein Verhalten gegenüber einer Person, bei der eines der in § 1 AGG genannten Merkmale vorliegt, gleichermaßen auch gegenüber der Vergleichsperson, bei der dies nicht der Fall ist, erfolgt. Für den wissenschaftlichen und repräsentativen Nachweis gesellschaftlicher Diskriminierung sind eine Reihe von Kriterien für angemessene *Testing*-Szenarien entwickelt worden.[53] Insbesondere die französische Organisation „SOS Racisme“ sowie Antidiskriminierungsverbände in England haben solche *Testings* jedoch auch für den Nachweis der Diskriminierung im

---

[50] So aber *Dammann* (Fn. 28), S. 292.

[51] *Bezzenberger*, Ethnische Diskriminierung, Gleichheit und Sittenordnung im bürgerlichen Recht, AcP 196 (1996), 395, 432.

[52] BT-Drs. 15/4538, S. 45; *Windel*, RdA 2007, 1, 5; *Bauer/Evers*, Schadensersatz und Entschädigung bei Diskriminierung – ein Fass ohne Boden, NZA 2006, 893, 895.

[53] Ausführlich zu durchgeführten Verfahren, Ergebnissen und Kriterien für die Beurteilung der Repräsentativität: *Riach/Rich*, Field Experiments of Discrimination in the Market Place, The Economic Journal 112 (2002), 480 ff.

Einzelfall verwendet.[54] Auf der Basis von *Testings* sind zum Teil Musterverfahren eingeleitet worden. Die französische *Cour de Cassation* erkannte das *Testing* als Beweismethode für das Strafrecht an, sah darin also mehr als lediglich ein Indiz.[55]

e) Statistiken

Die Ergebnisse von Statistiken können im Rahmen der richterlichen Würdigung des Sachverhalts einen tatsächlichen Anhaltspunkt darstellen.[56] Anhaltspunkte für eine verbotswidrige Benachteiligung liegen zum Beispiel vor, wenn die Einstellung einer Person dunklerer Hautfarbe verweigert wird, nachdem seit Jahren nur Personen mit einer hellen Hautfarbe eingestellt worden sind. Gleiches gilt, wenn, wie im Pariser „Moulin Rouge", in der Küche ausschließlich „schwarze" Personen, als Kellner/innen jedoch ausschließlich „europäisch aussehende" Personen eingestellt werden.[57]

f) Andere diskriminierungsrelevante Rechtsverstöße

Aus früherem benachteiligendem Verhalten gegenüber derselben oder einer anderen Person kann sich ebenfalls eine Wahrscheinlichkeit ergeben, dass im aktuellen Fall erneut in Hinblick auf das jeweilige Merkmal nach § 1 AGG benachteiligt wurde; das gleiche gilt für schwere Verstöße gegen die Pflichten des § 12 AGG, soweit sie sich auf den jeweiligen Fall ausgewirkt haben können. Welche Indizien hier welche Wahrscheinlichkeiten begründen können, ist im Einzelfall aufgrund aller Umstände zu entscheiden. Ein entsprechendes Beispiel im Rahmen der §§ 81 ff. SGB IX hat das BAG entschieden. Nach § 81 Abs. 1 Satz 4 SGB IX ist der Arbeitgeber verpflichtet, die Schwerbehindertenvertretung unmittelbar nach Eingang von der Bewerbung eines Schwerbehinderten zu informieren. Unterlässt er dies, so stellt dies zwar nicht selbst eine Benachteiligung des schwer-

---

[54] *Riach/Rich*, The Economic Journal 112 (2002), 480 ff.; siehe auch Test-Studie der ILO, Les discriminations à raison de „l'origine" dans les embauches en France – une enquête nationale par tests de discrimination selon la méthode des BIT, 2007.

[55] Cass.crim., 11.6.2002, No 01-85.559, auf <http://www.lexinter.net/JP/preuve.htm>.

[56] BT-Drs. 15/4538, S. 45; *Scholten* (Fn. 23), S. 95.

[57] Nachweise zur französischen Rechtsprechung insofern bei *Latraverse* (Fn. 8), S. 11; diese Beispiele verwendet auch *Stork* (Fn. 26), S. 315.

behinderten Bewerbers wegen seiner Behinderung nach § 81 Abs. 2 Satz 1 SGB IX dar.[58] Aber es ist ein ausreichendes Indiz dafür, dass die Schwerbehinderung bei der Entscheidung eine Rolle gespielt hat.[59]

g) Indiztatsachen bei Belästigung

Die Vermutungswirkung von Indiztatsachen erfasst in den Tatbeständen der Belästigung nach § 3 Abs. 3 und 4 AGG die Frage, ob belästigende Verhaltensweisen „mit einem in § 1 AGG genannten Grund in Zusammenhang stehen".[60] Indizien dafür, dass ein belästigendes Verhalten mit einem der Gründe in Zusammenhang steht, sind insbesondere abfällige, frauenfeindliche, ausländerfeindliche oder ähnliche Bemerkungen der belästigenden Person, unabhängig davon, ob sie gegenüber der belästigten Person selbst ergangen sind oder gegenüber dritten Personen.

III. Unterstützung der individuellen Rechtsdurchsetzung im Bereich des Arbeitsrechts

Im Bereich der Beschäftigung enthält das AGG eine Reihe von Instrumenten, die so von den Richtlinien nicht verlangt werden, zu deren Festschreibung der deutsche Gesetzgeber wegen des europarechtlichen Verschlechterungsverbots jedoch nichtsdestotrotz verpflichtet war, weil sie im bisherigen Recht bereits enthalten waren.

1. Beschwerderecht, § 13 AGG

Nach Erlass des AGG hat eine lebhafte Debatte um das Beschwerderecht und die Einführung von Beschwerdeverfahren begonnen. Die Debatte zeigt vor allem, welch immense Multiplikatorenfunktion die politische Diskussion um das Gesetz hatte; denn § 13 AGG enthält nichts, was nicht bereits im BeschSchG sowie im Betriebsverfassungsgesetz (BetrVG) geregelt

---

58 So aber ArbG Marburg, DB 2005, 1860.

59 BAG, AP Nr. 7 zu § 81 SGB IX; siehe auch BAG, DB 2007, 74.

60 Vgl. auch LAG Thüringen, ArbuR 2006, 31 f. zum Mobbing: „Ist ein mobbingbegründender Sachverhalt vorgetragen, dann obliegt der Gegenpartei die Darlegung und der Beweis von Tatsachen, die das Fehlen einer Täter-Opfer-Beziehung begründen."

(gewesen) wäre. Ein Beschwerdeverfahren mit Konfliktlösungsfunktion sollte eine Selbstverständlichkeit für präventive und prospektive Personalpolitik werden. Die rechtlichen Anforderungen sind aber gering.

2. Leistungsverweigerungsrecht § 14 AGG

Auch das Zurückbehaltungsrecht nach § 14 AGG hat überwiegend präventive Bedeutung. Die Vorschrift ist wortgleich mit dem früheren § 4 Abs. 2 BeschSchG a.F.; sie enthält nur zusätzlich den Verweis auf die Anwendbarkeit des § 273 BGB. Eine empirische Untersuchung zur Umsetzung des BeschSchG[61] hat allerdings gezeigt, dass das Leistungsverweigerungsrecht von den Betroffenen nicht genutzt wird und damit in der Praxis bedeutungslos ist.

3. Maßregelungsverbot § 16 AGG

Das Maßregelungsverbot dient zur Absicherung des Individualrechtsschutzes und zur Verringerung von Zugangsbarrieren zum Rechtsschutz. Es hat ebenfalls bisher keine praktische Bedeutung gehabt. Aber bei richtiger europarechtlicher Auslegung könnte es künftig größere Bedeutung erlangen.

§ 16 AGG verbiete jede Benachteiligung wegen der Inanspruchnahme von Rechten. Für § 5 TzBfG und § 612a BGB ist vertreten worden, das Maßregelungsverbot greife nur ein, wenn das Recht tatsächlich bestehe, nicht aber, wenn Beschäftigte irrtümlich meinen, ein Recht zu haben.[62] Der Gesetzeswortlaut ist insofern keineswegs eindeutig. „Inanspruchnahme" ist ein weiter und untechnischer Begriff, der auch die bloße Rechtsbehauptung erfassen kann. Europarechtlich ist eine weite Auslegung erforderlich. Der Wortlaut der Richtlinien erfasst ausdrücklich jegliche „Reaktionen auf eine Beschwerde oder auf die Einleitung eines Verfahrens", setzt also lediglich das Vorliegen einer Beschwerde oder die Einleitung eines Verfahrens und nicht deren Berechtigung und Begründetheit voraus. Beschäftigte tragen insofern nicht das Irrtumsrisiko.

---

[61] *NFO Infratest/Baer* (Fn. 39), S. 202.

[62] Erfurter Kommentar-*Preis* (7. Aufl. 2006), § 612a BGB Rn. 5; *ebenda,* § 5 TzBfG Rn. 1; Münchener Kommentar-*Müller-Glöge* (Fn. 23), § 612a BGB Rn. 10.

IV. Kollektive und institutionelle Unterstützung der Rechtsdurchsetzung

1. Arbeitsrechtliche Unterlassungsklage § 17 II AGG

Mit § 17 Abs. 2 AGG enthält der arbeitsrechtliche Teil ein Instrument der kollektiven Rechtsdurchsetzung, das eng an § 23 Abs. 3 BetrVG angelehnt ist. In Ausübung betriebsverfassungsrechtlicher Rechte und Pflichten und in Verbindung mit dem Diskriminierungsverbot des § 75 BetrVG war ein entsprechender Unterlassungsanspruch des Betriebsrats oder einer im Betrieb vertretenen Gewerkschaft auch bisher schon gegeben.[63] § 17 Abs. 2 AGG enthält insofern lediglich eine spezielle Regelung für die Fälle der Diskriminierung nach §§ 1, 7 AGG, als sie die über das BetrVG hinaus Benachteiligungen von Bewerber/innen sowie von leitenden Angestellten[64] und in bestimmten Fällen auch von Selbstständigen und Organmitgliedern (§ 6 Abs. 3 AGG) erfasst. Voraussetzung des § 17 Abs. 2 AGG ist die Anwendbarkeit des Betriebsverfassungsgesetzes nach § 1 Abs. 1 Satz 1 BetrVG, jedoch ist weder erforderlich, dass ein Betriebsrat gewählt wurde noch, dass der Verstoß betriebsverfassungswidrig ist.

In Betracht kommen Anträge wegen Verletzung der allgemeinen Pflichten nach § 12 AGG, Anträge wegen der Verletzung der Benachteiligungsverbote des § 7 AGG im Einzelfall oder Anträge gegen benachteiligende Bewerbungsverfahren, Stellenausschreibungen, Entlohnungsgrundsätze oder benachteiligende Grundsätze der sozialen Auswahl bei Kündigungen und anderen Entlassungen.

2. Verbandsunterstützung § 23 AGG

Nach § 23 Abs. 2 AGG dürfen die Verbände als Beistände Benachteiligter in gerichtlichen Verfahren in der Verhandlung auftreten. Zusammen mit dem geplanten Rechtsdienstleistungsgesetz wird allerdings zur Zeit eine Änderung der Beistandsregelungen geplant. Nach § 90 Abs. 1 ZPO[65]

---

63 LAG Köln, AiB 1989, 163.

64 Dies war für § 75 Abs. 1 Satz 1 BetrVG („alle im Betrieb tätigen Personen") umstritten; siehe einerseits Erfurter Kommentar-*Eisemann* (Fn. 62), § 5 BetrVG Rn. 30 und andererseits Erfurter Kommentar-*Kania* (Fn. 62), § 75 BetrVG Rn. 3.

65 Gesetzentwurf der Bundesregierung zur Neuregelung des Rechtsberatungsrechts, BT-Drs. 16/3655. Die bisherige Regelung des § 157 Abs. 1 ZPO soll entfallen. Der Entwurf wurde Ende Februar an den Rechtsausschuss überwiesen.

sollen künftig Personen, die nicht auch zur Prozessvertretung berechtigt sind, nicht mehr grundsätzlich, sondern nur noch bei Zulassung durch das Gericht unter den Voraussetzungen der Sachdienlichkeit und des Bedürfnisses im Einzelfall als Beistände tätig werden können.[66] § 23 Abs. 2 AGG war bereits in Hinblick auf diese kommenden Änderungen geplant und soll auch künftig eine Spezialregelung hierzu darstellen. Die Antidiskriminierungsverbände wären damit stets zugelassen[67].

Gegen die Beschränkung der Verbände auf die Rolle des Beistands bestehen jedoch europarechtliche Bedenken. Die Richtlinienregelung bewegt sich zwar im Rahmen eines individualrechtlichen Konzepts, verfolgt dabei aber durchaus das Anliegen, eine eigenständige Verbandsbeteiligung zu ermöglichen.[68] Die Befugnis sollte deshalb Verbänden zustehen, die ein „Interesse daran haben, für die Einhaltung der Bestimmungen dieser Richtlinie zu sorgen", also Institutionen, die das Rechtsdurchsetzungsinteresse repräsentieren.[69] Darüber hinaus erlauben die Richtlinien keine Einschränkung auf Verfahren ohne Anwaltszwang, wie sie mit dem AGG erfolgt ist. Durch die verabschiedete Regelung wird es den Verbänden unmöglich gemacht, einen möglicherweise allgemein relevanten Fall formal durch die Instanzen zu begleiten.

Die Befugnis besteht im Rahmen des jeweiligen Satzungszwecks. Antidiskriminierungsverbände, die spezifische Interessen repräsentieren, dürfen also keine Allzuständigkeit im Diskriminierungsschutz geltend machen, sondern nur als Beistände von Personen auftreten, die eine Benachteiligung wegen des jeweiligen Merkmals geltend machen.[70] Problematisch kann dies insbesondere in Fällen von multipler/intersektioneller Diskriminierung[71] sein, wenn der/die Betroffene lediglich Beistand von einem Verband hat, der satzungsgemäß nur vor Diskriminierung wegen eines der relevanten

---

66 Genauso § 67 Abs. 7 VwGO, § 73 Abs. 7 SGG, § 13 Abs. 6 FGG, § 62 Abs. 7 FGO (Gesetzentwurf der Bundesregierung für ein Gesetz zur Neuregelung des Rechtsberatungsrechts vom 1.9.2006, BR-Drs. 623/06, Begründung S. 67; S. 199 f.).

67 Beschlussempfehlung und Bericht des Rechtsausschusses zum AGG-E, BT-Drs. 16/2022, S. 14; Entwurf für ein Rechtsdienstleistungsgesetz, BR-Drs. 623/06, Begründung S. 32; S. 91; S. 200.

68 So auch *Stork* (Fn. 26), S. 318 f.; weiter gehend *Nickel*, Handlungsaufträge zur Bekämpfung von ethnischen Diskriminierungen in der neuen Gleichbehandlungsrichtlinie 2000/43/EG, NJW 2001, 2668, 2671.

69 Genauer *Kocher*, ZEuP 2004, 260–275.

70 Siehe entsprechend für § 4 UKlaG Erman-*Roloff*, BGB Bd. 1 (11. Aufl. 2004), § 4 UKlaG Rn. 2.

71 Siehe § 4 UKlaG.

Merkmale schützen will. Im Hinblick auf die begrenzte Befugnis der Verbände sowie die Tatsache, dass die Problematik der Multidimensionalität in der gesellschaftlichen Interessenvertretung noch kaum eine Rolle spielt, darf hier aber lediglich eine Missbrauchskontrolle stattfinden.

3. Antidiskriminierungsstelle

Die Antidiskriminierungsstelle des Bundes nach §§ 25 ff. AGG hat am 1. Februar 2007 ihre Arbeit aufgenommen. Die Aufgaben bestehen nach § 27 AGG in der Information, Beratung, Unterstützung bei Rechtsdurchsetzung, der Vermittlung der Beratung durch andere Stellen/Weiterleitung sowie dem Versuch der gütlichen Beilegung zwischen den Beteiligten. Sie soll Öffentlichkeitsarbeit betreiben und wissenschaftliche Untersuchungen durchführen bzw. durchführen lassen. Alle vier Jahre hat sie dem Bundestag Bericht zu erstatten.

V. Erweiterung des § 15a EGZPO

§ 15a EGZPO ermöglicht es den Ländern, dem Zivilverfahren in vermögensrechtlichen Streitigkeiten bis zu einem Streitwert von 750 Euro sowie unabhängig vom Streitwert in bestimmten Streitigkeiten zwischen Nachbarn oder um die persönliche Ehre ein obligatorisches Schlichtungsverfahren vorzuschalten. Diese Befugnis wurde durch das AGG auf Streitigkeiten um Benachteiligungen im Sinne des Gesetzes erstreckt, von den Ländern jedoch noch nicht umgesetzt.

Die Erweiterung des Anwendungsbereichs um Streitigkeiten über Ansprüche nach Abschnitt 3 des Allgemeinen Gleichbehandlungsgesetzes (§ 15a Abs. 1 Satz 1 Nr. 4 EGZPO) ist sachlich schwer nachzuvollziehen. Das obligatorische vorgerichtliche Schlichtungsverfahren ist auf geringerwertige Streitigkeiten sowie Streitigkeiten mit stark personengebundenem Charakter zugeschnitten. Bei Streitigkeiten nach §§ 19 ff. AGG handelt es sich jedoch begriffsnotwendig um Massengeschäfte, denen typischerweise die Eignung für die Schlichtung abgeht. Die Einführung des Verfahrenselements der obligatorischen vorgerichtlichen Schlichtung kann damit einzig dazu dienen, die Gerichte zu entlasten – ohne dass es Indizien dafür gäbe, dass dies erforderlich wäre und Erfolge verspräche.

2. Teil

Diskriminierungsverbote in einzelnen Rechts- und Lebensbereichen

§ 4 Die Auswirkungen des Allgemeinen Gleichbehandlungsgesetzes auf das Arbeitsrecht

Robert v. Steinau-Steinrück

Am 18. August 2006 ist das Allgemeine Gleichbehandlungsgesetz (AGG) in Kraft getreten. Erste Nachbesserungen erfolgten mit Wirkung zum 12. Dezember 2006. In der arbeitsrechtlichen Praxis zeigen sich inzwischen erste Anwendungsprobleme. Viele Regelungen sind im Detail noch unklar. Inzwischen liegt aber bereits erste Rechtsprechung vor. Im folgenden Beitrag wird unter I. auf diese mit Spannung erwarteten ersten gerichtlichen Entscheidungen eingegangen. Unter II. sollen wesentliche inhaltliche „Knackpunkte" des Gesetzes dargestellt werden.

I. Bisherige Rechtsprechung zum AGG

1. Arbeitsgericht Frankfurt: Altersbeschränkung bei Lufthansa-Piloten

Dem Arbeitsgericht Frankfurt a.M. lagen die Klagen dreier Piloten der Lufthansa vor, die in der manteltarifvertraglichen Festlegung der Altersgrenze von 60 Jahren eine unzulässige Altersdiskriminierung sehen. Die Regelung im Tarifvertrag sieht vor, dass Piloten mit Vollendung ihres 60. Lebensjahres in den Ruhestand gehen. Die drei Kläger führten an, dass sie mit 60 Jahren gesund und somit in der Lage seien, ihren Beruf weiterhin auszuüben. Das Arbeitsgericht Frankfurt a.M. stellte in seiner Entscheidung vom 14. März 2007[1] fest, dass Sicherheitsinteressen ein legitimes Ziel für die Altersbegrenzung darstellen. Die Begrenzung wird auch als angemessen und erforderlich angesehen. Der Schutz von Leib und Leben der Besatzung, der Passagiere und der Menschen in den überflogenen Gebieten hat nach Ansicht des Gerichts Vorrang gegenüber dem Anspruch der Piloten auf Weiterbeschäftigung. § 8 AGG lässt eine unterschiedliche Behandlung wegen beruflicher Anforderungen unter bestimmten Bedingungen zu, sofern der Zweck rechtmäßig und die Anforderung angemessen ist. Die spezielle altersbezogene Regelung im § 10 AGG lässt eine unterschiedliche Behandlung zu, wenn sie durch ein legitimes Ziel gerechtfertigt ist und objektiv und angemessen ist. Außerdem müssen die Mittel zur Erreichung dieses Ziels angemessen und erforderlich sein. Die drei Piloten haben bereits angekündigt, gegen das Urteil Berufung einzulegen und notfalls bis zum EuGH zu klagen. Ähnliche Klagen gegen Altersgrenzen gibt es auch in anderen EU-Mitgliedsstaaten, so in Spanien und Großbritannien.

---

[1] Az. 6 Ca 7405/06.

2. Landesarbeitsgericht Hamburg und Arbeitsgericht Frankfurt: Einrichtung der Beschwerdestelle nach § 13 AGG

Die Landesarbeitsgericht Hamburg und das Arbeitsgericht Frankfurt hatten jeweils über Anträge des Betriebsrates bzw. Gesamtbetriebsrates auf Einrichtung einer Einigungsstelle zu entscheiden. Die Betriebsräte waren der Ansicht, dass die Einrichtung der Beschwerdestelle nach § 13 AGG der zwingenden Mitbestimmung des Betriebsrats nach § 87 Abs. 1 Nr. 1 BetrVG unterliegt. Das Landesarbeitsgericht Hamburg hält das Bestehen eines solchen Mitbestimmungsrechts für nicht offensichtlich ausgeschlossen und hat dem Antrag auf Einsetzung einer Einigungsstelle stattgegeben. Zuvor hatte das Arbeitsgericht Hamburg in seinem Beschluss vom 14. Februar 2007[2] abweichend entschieden. Das Arbeitsgericht hatte vertreten, dass es sich bei der Einrichtung der Beschwerdestelle nach § 13 AGG um einen schlichten Gesetzesvollzug handelt, zu dem der Arbeitgeber verpflichtet sei. Diese Rechtsauffassung wird auch in der Literatur vertreten.[3]

Das Arbeitsgericht Frankfurt a.M. hatte mit Beschluss vom 23. Oktober 2006[4] ebenfalls positiv über die Einsetzung einer Einigungsstelle entschieden. Jedoch war in diesem Fall der Sachverhalt etwas anders gelagert. Der Arbeitgeber hatte eine Mitteilung veröffentlicht, nach der der Beschwerdestelle weitergehende Kompetenzen hinsichtlich der Aufklärung der eingereichten Beschwerde eingeräumt wurden. So erhielt diese beispielsweise ausdrücklich das Recht, Zeugen zu laden. Deshalb sah das Gericht die Ordnung des Betriebes und das Verhalten der Arbeitnehmer im Betrieb betroffen.

3. Bundesgerichtshof: Altersversorgung eingetragener Lebenspartner

Der Bundesgerichtshof hatte über Ansprüche eines bei der Versorgungsanstalt des Bundes und der Länder zusatzversicherten Klägers zu entscheiden, der in einer eingetragenen Lebenspartnerschaft lebt. Er möchte im Hinblick auf die Betriebsrente und Hinterbliebenenrente wie ein verheirateter Arbeitnehmer behandelt werden. Im Ergebnis hält der BGH die Regelung

---

2 Az. 9 BV 3/07.

3 *Bauer/Göpfert/Krieger*, AGG (2007), § 13 Rn. 6; *Grobys*, Organisationsmaßnahmen des Arbeitgebers nach dem neuen Allgemeinen Gleichbehandlungsgesetz, NJW 2006, 2950, 2952.

4 Az. 21 BV 690/06.

in der Satzung der Versorgungsanstalt für verfassungskonform. Das Grundgesetz lasse eine Privilegierung der Ehe in Art. 6 Abs. 1 GG zu. Auch europäisches Recht sei nicht verletzt, da die Regelung Personen wie den Kläger nicht wegen ihrer sexuellen Ausrichtung diskriminiere. Vielmehr knüpfe die Satzung an den Familienstand an. Auch ein Verstoß gegen Art. 141 EG und die Richtlinie 2000/78/EG[5] liege nicht vor.

II. Wesentliche inhaltliche „Knackpunkte"

1. Kündigungsschutz

§ 2 Abs. 4 AGG enthält eine Bereichsausnahme für Kündigungen. Diese Ausnahme ist erst auf der „Zielgeraden" des Gesetzgebungsverfahrens aufgrund einer Anregung des Bundesrats[6] und der darauf aufbauenden Beschlussempfehlung des Rechtsausschusses[7] in das Gesetz gelangt. Ein doppelter Kündigungsschutz soll vermieden werden.[8] Die Europarechtskonformität dieser Bereichsausnahme ist umstritten. Teilweise wird eine Europarechtswidrigkeit angenommen,[9] teilweise wird eine Europarechtskonformität bejaht[10] und teilweise wird eine richtlinienkonforme Auslegung des Abs. 4 für erforderlich und möglich erachtet.[11] Die Frage nach der Europarechtskonformität stellt sich, da zum sachlichen Anwendungsbereich des AGG auch die Beendigung eines Beschäftigungsverhältnisses gehört. Da sich das AGG und das Kündigungsschutzgesetz in Prüfungsmaßstab,

---

[5] Richtlinie 2000/78/EG des Rates vom 27.11.2000 zur Festlegung eines allgemeinen Rahmens für die Verwirklichung der Gleichbehandlung in Beschäftigung und Beruf, ABl. 2000 L 303/16.

[6] BT-Drs. 16/1852, S. 2.

[7] BT-Drs. 16/2022, S. 8.

[8] *Bauer/Göpfert/Krieger* (Fn. 3), § 2 Rn. 57.

[9] *Thüsing*, Arbeitsrechtlicher Diskriminierungsschutz (2007), Rn. 106; *Düwell*, AGG an versteckter Stelle geändert, jurisPR-ArbR 47/2006, Anm. 6; *Wisskirchen*, Der Umgang mit dem Allgemeinen Gleichbehandlungsgesetz – Ein „Kochrezept" für Arbeitgeber, DB 2006, 1491–1499; *Bayreuther*, Kündigungsschutz im Spannungsfeld zwischen Gleichbehandlungsgesetz und europäischem Antidiskriminierungsrecht, DB 2006, 1842–1847.

[10] *Willemsen/Schweibert*, Schutz der Beschäftigten im Allgemeinen Gleichbehandlungsgesetz, NJW 2006, 2583–2592.

[11] *Diller/Krieger/Arnold*, Kündigungsschutzgesetz plus Allgemeines Gleichbehandlungsgesetz, NZA 2006, 887–892.

Beweislast und Sanktion unterscheiden,[12] kommt der Frage erhebliche Bedeutung zu.

Das Gebot der richtlinienkonformen Auslegung[13] fordert die Verwirklichung des Diskriminierungsschutzes innerhalb der Bestimmungen des allgemeinen und besonderen Kündigungsschutzes. Dies sind insbesondere die §§ 1 und 15 KSchG, § 9 MuSchG, § 18 BErzGG, §§ 85 ff., 96 SGB III, § 2 ArbPlSchG und § 626 BGB, aber auch die zivilrechtlichen Generalklauseln der §§ 138 und 242 BGB, die ebenfalls einen Kündigungsschutz bei diskriminierenden Kündigungen vermitteln.[14] Eine Kündigung, die ausschließlich aus diskriminierenden Gründen erfolgt, wird schon nach diesen Kündigungsschutzbestimmungen unwirksam sein. Erfolgt die Kündigung hingegen aus Gründen, die eine Kündigung nach den Kündigungsschutzbestimmungen rechtfertigen können, kommt jedoch ein diskriminierendes Motiv hinzu (so genanntes Motivbündel), so stellt sich die Frage, ob das diskriminierende Motiv zur Unwirksamkeit der ansonsten wirksamen Kündigung führt. In diesen Fällen erlangt das AGG im Bereich des Kündigungsschutzes eine eigenständige Bedeutung.[15]

Zur Lösung wird in der Literatur vorgeschlagen, § 2 Abs. 4 AGG als spezielle Beweisregelung auszulegen, die die allgemeine Beweislastregelung des § 22 AGG für Kündigungssachverhalte konkretisiert.[16] Andere Stimmen in der Literatur halten eine richtlinienkonforme Auslegung des § 2 Abs. 4 AGG für geboten, wonach zwar die Frage nach der Wirksamkeit einer Kündigung ausschließlich nach den Kündigungsschutzbestimmungen beurteilt wird, bei einer zwar wirksamen, aber dennoch diskriminierenden Kündigung der Entschädigungsanspruch gem. § 15 Abs. 2 AGG jedoch nicht ausgeschlossen ist.[17] Es wird also zwischen der Sanktionierung der diskriminierenden Motive durch Entschädigung und der kündigungsrechtlichen Frage der Wirksamkeit der Beendigung des Arbeitsverhältnisses differenziert. Ein anderer Teil der Literatur hält eine richtlinienkonforme Auslegung für nicht möglich; § 2 Abs. 4 AGG müsse unangewendet bleiben, bis der Gesetzgeber eine gemeinschaftskonforme Regelung vor-

---

[12] *Thüsing* (Fn. 9), Rn. 107 ff.

[13] Aus der Rechtsprechung zuletzt EuGH v. 9.3.2004 – verb. Rs. C-397/01 bis C-403/01 *Pfeiffer*, Slg. 2004, I-8835. Eingehend *Riesenhuber/Domröse*, Richtlinienkonforme Rechtsfindung und nationale Methodenlehre RIW, 2005, 47–54; W.H. *Roth*, in: Riesenhuber (Hrsg.), Europäische Methodenlehre – Handbuch (2006), § 14.

[14] BAG, NZA 2002, 87–90.

[15] *Bayreuther*, DB 2006, 1842–1847.

[16] *Bayreuther*, DB 2006, 1842–1847.

[17] *Diller/Krieger/Arnold*, NZA 2006, 887–892.

nehme.[18] Jede Kündigung wegen eines AGG-Merkmals sei nach § 134 BGB i.V.m. § 7 Abs. 1 AGG unwirksam.[19] Richtig erscheint folgendes: Der eindeutige Wortlaut des § 2 Abs. 4 AGG erlaubt keine Auslegung in der vorgenannten Weise. Die Lösung ist daher innerhalb der bestehenden kündigungsschutzrechtlichen Bestimmungen zu suchen. Diese sind ebenfalls richtlinienkonform auszulegen. Eine Kündigung, die ausschließlich durch ein diskriminierendes Motiv bestimmt wird, ist nach §§ 138, 242 BGB unwirksam. Dies gilt auch für Kündigungen in der Wartezeit und in Kleinbetrieben. Bei Kündigungen, denen ein Motivbündel zugrunde liegt, ist zu fragen, ob das diskriminierende Motiv das rechtfertigende Motiv verdrängt. Dies richtet sich danach, ob ohne das diskriminierende Motiv die Kündigung ebenfalls ausgesprochen worden wäre. Dabei ist aufgrund einer dem Rechtsgedanken des § 22 AGG entsprechenden Beweislastverteilung zu vermuten, dass das diskriminierende Motiv ausschlaggebend war. Die Vermutung kann vom Arbeitgeber widerlegt werden. Zweifel gehen zu seinen Lasten.

Es ist davon auszugehen, dass die Europarechtskonformität des § 2 Abs. 4 AGG in absehbarer Zeit vom EuGH überprüft wird. Dabei erscheint aufgrund der bisherigen Rechtsprechung des EuGH[20] nicht unwahrscheinlich, dass die nationalen Gerichte § 2 Abs. 4 AGG nicht anwenden dürfen, was zu einer Prüfung von Kündigungen anhand des AGG führen würde. Die Konsequenz wäre nicht allein die Zahlung einer Entschädigung gem. § 15 Abs. 2 AGG, sondern auch die Gewährung von Schadensersatz (§ 15 Abs. 1 AGG) im Wege der Naturalrestitution, d.h. die Fortsetzung des Arbeitsverhältnisses. Entscheidend dürfte daher sein, ob es der Rechtsprechung gelingt, einen den Richtlinien entsprechenden Schutz vor diskriminierenden Kündigungen im Rahmen der bestehenden Kündigungsschutzbestimmungen zu verwirklichen.

2. Betriebliche Altersversorgung

Unklar ist auch die Bedeutung des Verweises auf das Betriebsrentengesetz für die betriebliche Altersvorsorge. Der Wortlaut des § 2 Abs. 2 S. 2 AGG lässt nicht erkennen, ob ausschließlich oder parallel das

---

[18] *Düwell*, jurisPR-ArbR 47/2006, Anm. 6.

[19] *Düwell*, jurisPR-ArbR 47/2006, Anm. 6.

[20] EuGH v. 22.11.2005 – Rs. C-144/04 *Mangold*, Slg. 2005, I-9981. Zur Würdigung dieser Entscheidung näher *Riesenhuber*, in diesem Band, § 1 unter IV 3.

Betriebsrentengesetz gelten soll.[21] Anders als bei der Bereichsausnahme für Kündigungen nach § 2 Abs. 4 AGG fehlt das Wort „ausschließlich“. Auch die Gesetzesbegründung beantwortet diese Frage nicht. Hiernach soll es sich lediglich um eine „Klarstellung“ handeln, „dass für die betriebliche Altersversorgung die auf der Grundlage des Betriebsrentengesetzes geregelten Benachteiligungsverbote gelten“.[22] Eine derartige Klarstellung ist indes entbehrlich, da in § 2 Abs. 3 S. 1 AGG ausdrücklich geregelt ist, dass die Geltung sonstiger Benachteiligungsverbote oder Gebote der Gleichbehandlung durch das AGG nicht berührt wird. Zudem kennt das Betriebsrentengesetz selbst keine Benachteiligungsverbote. Vermutlich ist gemeint, dass die von der Rechtsprechung entwickelten Rechtsgrundsätze zu Benachteiligungsverboten im Bereich der betrieblichen Altersvorsorge weiterhin anzuwenden sind.[23]

§ 2 Abs. 2 S. 2 AGG wurde mit der Beschlussempfehlung des Ausschusses für Familie, Senioren, Frauen und Jugend zu dem Entwurf eines Gesetzes zur Umsetzung europäischer Antidiskriminierungsrichtlinien vom 15.6.2005,[24] d.h. im Rahmen des Gesetzgebungsverfahrens zum Antidiskriminierungsgesetz (ADG), aufgenommen. Zur Begründung wurde angegeben, dass für die betriebliche Altersversorgung „ausschließlich“ die auf der Grundlage des Betriebsrentengesetzes geregelten Benachteiligungsverbote gelten. Außerdem müssten die Auswirkungen auf die betriebliche Altersversorgung noch sorgfältig geprüft werden. Etwaige, aufgrund der Richtlinien erforderliche Anpassungen sollten bei einer späteren Novellierung des Betriebsrentengesetzes dort vorgenommen werden.[25]

Die Gesetzesbegründung zum AGG enthält jedoch weder einen Hinweis auf die „ausschließliche“ Geltung des Betriebsrentengesetzes noch einen Verweis auf eine noch ausstehende Abstimmung des Betriebsrentengesetzes mit den Richtlinien. Dies lässt darauf schließen, dass auch die betriebliche Altersvorsorgung dem Anwendungsbereich des AGG unterfällt, allerdings hierbei auf die zum Betriebsrentengesetz entwickelten Grundsätze zu Benachteiligungsverboten und Gleichbehandlungen zurückzugreifen ist. Für eine solche Auslegung spricht auch, dass in § 10 S. 3 Nr. 4 AGG ein Regelbeispiel zur Rechtfertigung einer Ungleichbehandlung wegen des Alters im Bereich der betrieblichen Alters- und Invaliditätsvorsorge enthalten ist. Eine derartige Regelung wäre entbehrlich, wenn die betrieb-

21 *Willemsen/Schweibert*, NJW 2006, 2583–2592.

22 BT-Drs. 16/1780, S. 32.

23 *Nicolai*, Das Allgemeine Gleichbehandlungsgesetz in der Praxis (2006), Rn. 192.

24 BT-Drs. 15/5717.

25 BT-Drs. 15/5717, S. 36.

liche Altersvorsorge schon nicht unter das AGG fallen würde. Bei der Änderung des AGG[26] wurden zwar die Regelbeispiele in § 10 S. 3 AGG zur Ungleichbehandlung wegen Alters bei Kündigungen gestrichen, nicht aber das Regelbeispiel zur betrieblichen Altersversorgung. Daraus ist zu schließen, dass der Gesetzgeber die betriebliche Altersversorgung, anders als Kündigungen, unter den Schutz des AGG stellen will. Auch in der Gesetzesbegründung zu § 6 AGG wird darauf hingewiesen, dass bereits ausgeschiedene Personen, bei denen es noch zu nachwirkenden Folgen aufgrund einer betrieblichen Altersvorsorge kommt, dem Geltungsbereich unterliegen.[27] Schließlich ist zweifelhaft, ob eine Bereichsausnahme für die betriebliche Altersversorgung europarechtskonform wäre.[28]

Wenn die betriebliche Altersvorsorge dem Anwendungsbereich des AGG unterfällt, sind z.B. Regelungen zur Wartezeit im Hinblick auf eine mögliche mittelbare Altersdiskriminierung ebenso zu prüfen wie eine Witwen-/Witwerversorgung im Hinblick auf eine mittelbare Benachteiligung gleichgeschlechtlicher Lebensformen.[29]

Es sollte nicht zuletzt wegen der erheblichen wirtschaftlichen Risiken davon ausgegangen werden, dass das AGG auch im Bereich der betrieblichen Altersvorsorge Anwendung findet. Für die zeitliche Anwendbarkeit kommt es auf das Datum der Versorgungsordnung oder -zusage nicht an, so dass das AGG insofern Rückwirkung entfaltet.

3. Entschädigung und Schadensersatz

a) Schadensersatz (§ 15 Abs. 1 AGG)

§ 15 Abs. 1 AGG regelt den Ersatz materieller Schäden bei einem Verstoß gegen das Benachteiligungsverbot. Damit ein Schadensersatzanspruch begründet ist, muss der Arbeitgeber nach § 15 Abs. 1 S. 2 AGG die Pflichtverletzung zu vertreten haben. Das Vertretenmüssen wird allerdings vermutet, so dass der Arbeitgeber sein fehlendes Verschulden vor Gericht beweisen muss. Abs. 1 übernimmt insoweit die Formulierung von § 280 Abs. 1 Satz 1 und 2 BGB, so dass auch die §§ 276 und 278 BGB anzuwenden sind.[30]

---

26 BGBl. 2006 I, S. 2742.

27 BT-Drs. 16/1780, S. 34.

28 *Willemsen/Schweibert*, NJW 2006, 2583, 2584.

29 *Willemsen/Schweibert*, NJW 2006, 2583–2592.

30 BT-Drs. 16/1780, S. 38.

Der Arbeitgeber hat neben seinem eigenen vorsätzlichen oder fahrlässigen Verhalten nach § 278 BGB auch das Verschulden seiner Erfüllungsgehilfen zu vertreten, sofern ihm dies zugerechnet werden kann.[31] Handelt es sich beim Arbeitgeber um eine juristische Person, kommt es zudem zu einer Zurechnung der Handlungen und Unterlassungen der vertretungsberechtigten Organmitglieder direkt oder analog nach § 31 BGB.

Allerdings ist umstritten, ob das Erfordernis des Vertretenmüssens nach Abs. 1 S. 2 überhaupt gemeinschaftsrechtskonform ist. Nach dem *Draehmpaehl*-Urteil des EuGH[32] muss eine Sanktion wegen diskriminierenden Verhaltens verschuldensunabhängig ausgestaltet sein. In der Literatur wird deshalb zum Teil von einer Nachbesserungspflicht des deutschen Gesetzgebers ausgegangen.[33] Für die Vereinbarkeit mit Gemeinschaftsrecht spricht jedoch, dass der Gesetzgeber bereits mit dem Entschädigungsanspruch nach Abs. 2 eine verschuldensunabhängige Haftung geschaffen hat.[34] Derselbe Gedanke folgt aus der Gesetzesbegründung.[35] Eine Entscheidung des EuGH wird hier Klarheit schaffen müssen.

Fraglich ist, ob bei einer diskriminierenden Ablehnung eines Bewerbers zur Einstellung oder zum beruflichen Aufstieg die entgangene Vergütung als Schadensersatz geltend gemacht werden kann. Ein solcher Anspruch kommt nur für denjenigen Bewerber in Betracht, der die Stelle bei fehlender Benachteiligung erhalten hätte (sog. bestqualifizierter Bewerber). Bei den übrigen Bewerbern, die sowieso nicht eingestellt worden wären, fehlt es bereits an der Kausalität.[36] Beim benachteiligten bestqualifizierten Bewerber fragt es sich, ob auf das negative oder das positive Interesse gehaftet wird. Dies bestimmt sich nach dem Schutzzweck der verletzten Norm.[37] Im Fall eines Verschuldens bei Vertragsschluss ist der Schadensersatz in der Regel auf den Vertrauensschaden (negatives Interesse) begrenzt. Nicht ersatzfähig ist der Gewinn, der bei Durchführung des fehlgeschlagenen Geschäfts gemacht worden wäre.[38] Das entgangene Entgelt stellt danach

---

[31] Siehe ausführlich zur Zurechnung von Fremdverschulden *Bauer/Göpfert/Krieger* (Fn. 3), § 15 Rn. 18 ff.

[32] EuGH v. 22.4.1997 – Rs. C-180/95 *Draehmpaehl*, Slg. 1997, I-2195.

[33] *Bauer/Thüsing/Schunder*, Das Allgemeine Gleichbehandlungsgesetz – Alter Wein in neuen Schläuchen, NZA 2006, 774, 775.

[34] *Bauer/Evers*, Schadensersatz und Entschädigung bei Diskriminierung – Ein Fass ohne Boden?, NZA 2006, 893–898.

[35] BT-Drs. 16/1780, S. 38.

[36] Schleusener-*Voigt*, AGG (2007), § 15 Rn. 17.

[37] Münchener Kommentar-*Oetker*, BGB (4. Aufl. 2004), § 249 Rn. 121.

[38] Münchener Kommentar-*Oetker* (Fn. 37), § 249 Rn. 123.

regelmäßig keinen ersatzfähigen Schaden dar.[39] Ausnahmsweise kommt auch der Ersatz des Erfüllungsinteresses in Betracht, so z. B. wenn ein Bewerber aufgrund geweckten Vertrauens ein bestehendes Arbeitsverhältnis kündigt.[40]

Da ein Verstoß gegen das Benachteiligungsverbot eine Vertragspflichtverletzung ist, müssen beim Schadensersatzanspruch nach § 15 Abs. 1 AGG die Anspruchsvoraussetzungen des § 280 Abs. 1 BGB vorliegen. Bei der Durchsetzung von deliktischen Schadensersatzansprüchen oder Unterlassungsansprüchen sind die Voraussetzungen des § 823 Abs. 1 BGB bzw. § 1004 BGB zu beachten.

Stellt sich heraus, dass der Arbeitgeber gegenüber einem Beschäftigten zum Schadensersatz oder zur Entschädigung nach § 15 Abs. 1 oder 2 AGG wegen des Verhaltens eines Arbeitnehmers verpflichtet ist, besteht gegenüber diesem grundsätzlich ein Regressanspruch nach § 280 BGB. Einschränkungen ergeben sich jedoch durch die Grundsätze über die beschränkte Arbeitnehmerhaftung.[41]

b) Entschädigung (§ 15 Abs. 2 AGG)

§ 15 Abs. 2 AGG gewährt einen Anspruch auf Entschädigung für den durch die Benachteiligung erlittenen immateriellen Schaden. Im Gegensatz zum Schadensersatzanspruch nach Abs. 1 wird auf ein Verschulden des Arbeitgebers als Anspruchsvoraussetzung verzichtet. Dies ergibt sich zwar nicht unmittelbar aus dem Wortlaut der Vorschrift, jedoch aus der Gesetzesbegründung.[42]

Die Höhe der Entschädigung nach § 15 Abs. 2 AGG muss angemessen sein. Den Arbeitsgerichten wird damit ein Ermessen eingeräumt. Eine gesetzliche Begrenzung existiert jedoch für den Fall der Einstellungsdiskriminierung. Hier legt S. 2 als Obergrenze drei Monatsgehälter fest, sofern der Bewerber auch bei benachteiligungsfreier Auswahl nicht eingestellt worden wäre.

Für alle sonstigen Fälle kann zur Orientierung auf die Rechtsprechung zum Entschädigungsanspruch nach § 253 BGB bei Verletzung der körperlichen Unversehrtheit oder des allgemeinen Persönlichkeitsrechts zurückgegriffen werden.[43]

---

39 Schleusener-*Voigt* (Fn. 36), § 15 Rn. 18.

40 BAG, AP § 276 BGB Verschulden bei Vertragsschluss Nr. 9.

41 Vgl. dazu BAG, NZA 1994, 1083–1086.

42 BT-Drs. 16/1780, S. 38.

43 Dazu Palandt-*Heinrichs*, BGB (66. Aufl. 2007), § 253 BGB Rn. 18 ff.

Nach der Rechtsprechung des EuGH muss zur Gewährung effektiven Rechtsschutzes die Entschädigung zur wirklichen Abschreckung geeignet sein und in einem angemessenen Verhältnis zum erlittenen Schaden stehen.[44] Die Besonderheiten des Einzelfalls sind zu berücksichtigen, so dass beispielsweise eine erhöhte Entschädigung geboten sein kann, wenn ein Beschäftigter aus mehreren Gründen benachteiligt wurde.[45]

Anhaltspunkte für die Bemessung der Entschädigung sind beispielsweise Art und Intensität der Beeinträchtigung, Höhe der Vergütung sowie Grad der Verantwortlichkeit und wirtschaftliche Leistungsfähigkeit des Arbeitgebers.[46]

Nach der Rechtsprechung des BAG ist eine Entschädigung bei Rechtsmissbrauch ausgeschlossen.[47] Einem Bewerber kann ein Entschädigungsanspruch nur dann zustehen, wenn er sich subjektiv ernsthaft beworben hat und objektiv für die zu besetzende Stelle in Betracht kommt.

Nach § 61b Abs. 1 ArbGG beträgt die Frist für die gerichtliche Geltendmachung des Entschädigungsanspruchs drei Monate, beginnend mit der schriftlichen Geltendmachung des Entschädigungsanspruchs. Da die Ausschlussfrist nach § 61 b ArbGG als zweite Stufe der Frist nach § 15 Abs. 4 AGG anzusehen ist, liegt es nahe, dass der Benachteiligte auch unter Verzicht auf die Geltendmachung beim Arbeitgeber sofort Klage erheben kann. In diesem Fall muss bereits die Klage die 2-Monatsfrist wahren. Die Berechnung der Klagefrist richtet sich nach den §§ 222 ZPO i.V.m. §§ 187, 188 BGB. Da es sich um eine Ereignisfrist handelt, wird bei der Berechnung des Fristbeginns der Tag des Ereignisses (Kenntniserlangung von der Benachteiligung bzw. schriftliche Geltendmachung des Anspruchs) nicht mitgerechnet.

Zu beachten ist, dass im Falle der Häufung mehrer Entschädigungsklagen gegen einen Arbeitgeber die Möglichkeit besteht, auf entsprechenden Antrag die ausschließliche örtliche Zuständigkeit des Arbeitsgerichts zu begründen, bei dem die erste Klage erhoben wurde. Hierdurch sollen divergierende Entscheidungen insbesondere über den bestqualifizierten Bewerber vermieden werden. Die übrigen Rechtsstreite sind dann gem. § 61b Abs. 3 ArbGG von Amts wegen an das zuständige Arbeitsgericht zu verweisen und dort zur gleichzeitigen Verhandlung und Entscheidung zu verbinden.

---

44 EuGH v. 22.4.1997 – Rs. C-180/95 *Draehmpaehl*, Slg. 1997, I-2195.

45 BT-Drs. 16/1780, S. 38.

46 Näher dazu *Bauer/Göpfert/Krieger* (Fn. 3), § 15 Rn. 36.

47 BAG, NZA 1999, 371–374 zu § 611 a BGB.

Der Klageantrag muss nicht beziffert werden; d.h. es kann auch beantragt werden, eine in das Ermessen des Gerichts gestellte Entschädigung zu bezahlen, wenn eine ungefähre Größenordnung angegeben wird.[48] Das Gericht ist nicht gehindert, bei unbezifferten Anträgen über den angegebenen Betrag – ohne Verstoß gegen § 308 Abs. 1 S. 1 ZPO – auf einen höheren als den angegeben Mindestbetrag zu bekennen.[49] Diese Möglichkeit besteht indessen nicht, wenn eine Obergrenze angegeben wird bzw. der benachteiligte Bewerber von vornherein die betragsmäßige Begrenzung des Abs. 3 S. 1 aufgreift.

c) Schadensersatz bei Anwendung kollektivrechtlicher Vereinbarungen (§ 15 Abs. 3 AGG)

Verstößt der Arbeitgeber bei der Anwendung kollektivrechtlicher Vereinbarungen gegen das Benachteiligungsverbot, trifft den Arbeitgeber eine Entschädigungspflicht nur, wenn er vorsätzlich oder grob fahrlässig handelt.

Kollektivrechtliche Vereinbarungen sind Tarifverträge, Betriebs- oder Dienstvereinbarungen. Der Arbeitgeber erfährt die Privilegierung nach dem Wortlaut des Abs. 3 nur für den Fall eines Entschädigungsanspruchs, also für einen Anspruch nach Abs. 2. Für die Erstreckung über den Wortlaut hinaus auf den Schadensersatzanspruch nach Abs. 1 lässt sich der Sinn und Zweck der Haftungserleichterung bei Anwendung kollektiver Regelungen anführen. Denn Ursache der Haftungsprivilegierung ist nach der Gesetzesbegründung die vermutete „höhere Richtigkeitsgewähr" bei von den Sozialpartnern geschlossenen Vereinbarungen.[50] Allerdings wird diese Richtigkeitsgewähr nicht für sämtliche kollektiven Regelungen, sondern nur für Tarifverträge in Anspruch genommen,[51] da diese zwischen zwei mächtigen Trägern antagonistischer Interessen ausgehandelt werden. Einer Haftungsprivilegierung des Arbeitgebers steht auch die *Draehmpaehl*-Entscheidung des EuGH[52] entgegen. Im Urteil wurde festgestellt, dass bei einer Diskriminierung (aufgrund des Geschlechts) Schadensersatz ohne Rücksicht auf ein Verschulden gezahlt werden muss. Gemeinschaftsrechtliche Bedenken bestehen deshalb bereits gegen das Erfordernis des Vertretenmüssens in Abs. 1, das eine Haftung auf Schadensersatz nur bei

---

48 BAG, NZA 2005, 870–873 zu § 81 SGB IX.

49 BGHZ 132, 341; ArbG Berlin, NZA-RR 2005, 608.

50 BT-Drs. 16/1780, S. 38.

51 Erfurter Kommentar-*Schlachter* (7. Aufl. 2007), § 15 AGG Rn. 9.

52 EuGH v. 22.4.1997 – Rs. C-180/95 *Draehmpaehl*, Slg. 1997, I-2195.

mindestens leichter Fahrlässigkeit des Arbeitgebers auslöst. Eine weitere Beschränkung der Schadensersatzhaftung durch kollektive Regelungen auf Fälle vorsätzlichen und grob fahrlässigen Handelns steht der *Draehmpaehl*-Entscheidung erst recht entgegen. Der Arbeitgeber haftet deshalb bei Anwendung benachteiligender kollektiver Regelungen bereits bei einfacher Fahrlässigkeit auf Schadensersatz.

Unerheblich für die Anwendung des § 15 Abs. 3 AGG ist, auf welche Art und Weise die kollektive Regelung auf das Arbeitsverhältnis einwirkt. Die Privilegierung greift auch dann ein, wenn die Geltung von Tarifverträgen im Arbeitsvertrag durch Bezugnahme vereinbart ist oder wenn ein Tarifvertrag für allgemeinverbindlich erklärt ist.[53] Bei allgemeinverbindlich erklärten Tarifverträgen ist die „Richtigkeitsgewähr“ zudem besonders hoch.[54]

d) Frist zur Geltendmachung eines Schadensersatzanspruches (§ 15 Abs. 4 AGG)

§ 15 Abs. 4 S. 1 AGG legt für die schriftliche Geltendmachung von Ansprüchen nach Abs. 1 und 2 eine Frist von zwei Monaten fest. Die Regelung ist allerdings tarifdispositiv.

Bei der Geltendmachung handelt es sich um eine rechtsgeschäftsähnliche Handlung, auf welche grundsätzlich die Formvorschrift des § 126 BGB analog anwendbar ist.[55] Entscheidend sind jedoch Normzweck und Interessenlage im Einzelfall. Die Warn- und Beweisfunktion spielen für die Geltendmachung des Anspruchs keine Rolle. Deshalb genügt auch die Geltendmachung in einfacher Textform.[56]

Die Frist zur Geltendmachung beginnt zum Zeitpunkt des Zugangs der Ablehnung bzw. zu dem Zeitpunkt, in dem der Beschäftigte von der Benachteiligung Kenntnis erlangt.

Bei Vorliegen eines Dauertatbestandes, so bei einer fortdauernden Belästigung, kann die Ausschlussfrist erst zu laufen beginnen, wenn die Belästigung eingestellt wird. Das feindliche Umfeld muss beseitigt sein.[57]

---

[53] BT-Drs. 16/1780, S. 38.

[54] *V. Steinau-Steinrück/Schneider/Wagner*, Der Entwurf eines Antidiskriminierungsgesetzes: Ein Beitrag zur Kultur der Antidiskriminierung, NZA 2005, 28, 31.

[55] BAG, NJW 2003, 843–845.

[56] *Bauer/Göpfert/Krieger* (Fn. 3), § 15 Rn. 55.

[57] *Kolmhuber/Schreiner*, Antidiskriminierung und Arbeitsrecht (2006), Rn. 240.

Diese Feststellung wird in der Praxis Schwierigkeiten bereiten. Fraglich ist der Fristbeginn, wenn der Arbeitgeber auf eine Bewerbung überhaupt nicht reagiert, auch nicht mit einer Absage. Fragt der Bewerber in diesem Fall beim gewünschten Arbeitgeber nach dem Stand des Bewerbungsverfahrens und erhält daraufhin keine Antwort, kann dies ein Indiz dafür darstellen, dass das Verfahren abgeschlossen und der Bewerber erfolglos geblieben ist. Die Klagefrist wird durch das Schweigen zwar nicht in Gang gesetzt, jedoch ist eine Klage bereits möglich.

Aus dem Inhalt des Schreibens muss deutlich werden, auf welchen Vorgang der Anspruchsteller seinen Anspruch stützt. Das Schreiben muss es dem Arbeitgeber ermöglichen, das Bestehen des Anspruchs zu prüfen. Daher muss die behauptete Benachteiligung hinreichend konkret umschrieben werden.

Der Arbeitgeber, der sich auf eine Verfristung berufen möchte, muss den Zugang der Ablehnung nachweisen. Dies führt in der Praxis zu Problemen, da Absagen üblicherweise nicht mit Zugangsnachweis versendet werden.

4. Vertragsgestaltung: Vergütungsstaffeln

Das Verbot der Diskriminierung aufgrund des Alters spielt bei der Vertragsgestaltung eine wesentliche Rolle. Häufig knüpfen in der Praxis Vergütungsregelungen direkt an das Lebensalter an. Dies ist nun nicht mehr zulässig. Zwar ist nach § 10 S. 3 Nr. 2 AGG die Anknüpfung an das Lebensalter für bestimmte mit der Beschäftigung verbundene Vorteile erlaubt. Nach § 10 S. 1 AGG muss eine solche unterschiedliche Behandlung jedoch durch ein legitimes Ziel gerechtfertigt sein. Die Honorierung von Lebenserfahrung stellt kein solches Ziel dar, da Lebenserfahrung nicht messbar ist und der Rückgriff auf das Alter als Beleg für Lebenserfahrung dazu führen würde, eine Benachteiligung auf Grund des Alters mit dem Alter zu rechtfertigen.[58]

Oft ist die Vergütung auch nach der Berufserfahrung gestaffelt. Fraglich ist, ob hierin eine mittelbare Benachteiligung jüngerer Arbeitnehmer liegt, die bereits auf Grund ihres Alters eine entsprechende Erfahrung nicht aufweisen können. Nach dem an Art. 2 Abs. 2 lit. b der Richtlinie 2000/78/EG angelehnten Art. 3 Abs. 2 AGG liegt aber keine mittelbare Benachteiligung vor, wenn ein sachlicher Grund gegeben und wenn die

---

58 *Rieble/Zedler*, Altersdiskriminierung in Tarifverträgen, ZfA 2006, 273, 295; *Kamanabrou*, Vertragsgestaltung und Antidiskriminierung, NZA-Beilage 3/2006, 138, 141.

Regelung verhältnismäßig ist. Ein sachlicher Grund für eine höhere Vergütung von Arbeitnehmern liegt vor, wenn mit der längeren Berufstätigkeit tatsächlich eine leistungssteigernde Berufserfahrung verbunden ist. Dies ist bei höher qualifizierten Tätigkeiten eher der Fall als bei gering qualifizierten Tätigkeiten.[59] Auch die Betriebstreue kann mit einer erhöhten Vergütung belohnt werden. Hier ergibt sich zusätzlich zur vorhandenen Berufserfahrung der Aspekt, dass der Arbeitnehmer mit den Gegebenheiten des Betriebes gut vertraut ist.[60]

Fraglich kann nur die Reichweite möglicher Differenzierungen sein. Insbesondere wenn nicht beim Grundentgelt, sondern bei zusätzlichen Sozialleistungen nach der Betriebstreue differenziert wird, wird man im Zweifel von der Zulässigkeit ausgehen können.[61]

Verstößt eine Vergütungsregelung in Individual- oder Kollektivvereinbarungen gegen das Benachteiligungsverbot des § 7 Abs. 1 AGG, ist die Klausel unwirksam.[62] § 7 Abs. 2 AGG hat lediglich deklaratorischen Charakter,[63] da sich die Unwirksamkeit bereits aus § 134 BGB ergibt.[64] § 7 Abs. 1 AGG stellt ein Verbotsgesetz i.S.v. § 134 BGB dar.[65] Sonstige Unwirksamkeits- oder Nichtigkeitsgründe werden durch § 7 Abs. 2 AGG nicht berührt.[66]

§ 7 Abs. 2 AGG regelt nicht, was anstelle der unwirksamen Regelung gelten soll. Da nur die Unwirksamkeit der benachteiligenden Bestimmung angeordnet ist, wird nicht der gesamte Arbeitsvertrag erfasst (§ 139 Hs. 2 BGB).[67] Zum Ausfüllen der Lücke ist zu differenzieren: Bei einer unwirksamen individualvertraglichen Klausel erfolgt eine Angleichung „nach oben", d.h. eine Gleichstellung mit den übrigen, nicht benachteiligten

---

59 *Rieble/Zedler*, ZfA 2006, 273, 294 f.; *Kamanabrou*, NZA-Beilage 3/2006, 138, 142; *Linsenmaier*, Das Verbot der Altersdiskriminierung wegen des Alters, Sonderbeilage zu RdA Heft 5/2003, 22, 29.

60 *Löwisch*, Kollektivverträge und Allgemeines Gleichbehandlungsgesetz, DB 2006, 1729, 1731.

61 *Wiedemann/Thüsing*, Der Schutz älterer Arbeitnehmer und die Umsetzung der Richtlinie 2000/78/EG, NZA 2002, 1234, 1242.

62 BT-Drs. 16/1780, S. 34.

63 BT-Drs. 16/1780, S. 34.

64 *Bauer/Thüsing/Schunder*, Entwurf eines Gesetzes zur Umsetzung europäischer Antidiskriminierungsrichtlinien, NZA 2005, 32–36.

65 Flohr-Ring/*Ring/Siebeck/Woritz*, Das neue Gleichbehandlungsgesetz (2006), Rn. 174.

66 BT-Drs. 16/1780, S. 34.

67 Erfurter Kommentar-*Schlachter* (Fn. 51), § 7 AGG Rn. 3.

Beschäftigten.[68] Bei einer unwirksamen Klausel in einer Betriebsvereinbarung oder einem Tarifvertrag sind sowohl eine Anpassung nach oben als auch eine Anpassung der Gesamtregelung denkbar. Der EuGH entscheidet sich für eine Gleichbehandlung mit den übrigen Beschäftigten auch für die Zukunft, bis eine diskriminierungsfreie Neuregelung getroffen ist.[69] Eine vorherige Beseitigung der benachteiligenden Regelung durch Tarifverhandlungen oder auf anderem Wege müsse nicht abgewartet werden.[70] Das BAG geht ebenfalls von einer Anpassung nach oben aus, solange nur einzelne Arbeitnehmer benachteiligt werden und die Mehrbelastung des Arbeitgebers durch die Korrektur im Verhältnis zum Gesamtvolumen nicht ins Gewicht fällt[71] bzw. eine Überforderung des Arbeitgebers nicht ersichtlich ist.[72] Für die Zukunft könne jedoch aus einer nichtigen Norm eines Tarifvertrages kein Recht hergeleitet werden, da es den Gerichten aufgrund der Tarifautonomie verwehrt sei, die nichtige Norm durch eine andere zu ersetzen.[73] Das BAG behandelt die Anpassung nach oben somit restriktiver als der EuGH. In der Literatur werden bei Kollektivregelungen anstelle einer strikten Anpassung nach oben differenzierte Rechtsfolgenregelungen empfohlen,[74] z.B. eine diskriminierungsfreie Neuverteilung unter Beibehaltung des vereinbarten Volumens.[75]

Wegen der Unsicherheit, wie die Lücke einer unwirksamen Bestimmung in einer Kollektivvereinbarung gefüllt wird, empfiehlt es sich, beim Abschluss von Kollektivvereinbarungen den Willen der Vertragsparteien niederzulegen, ein begrenztes finanzielles Volumen verteilen zu wollen.

---

[68] *Willemsen/Schweibert*, NJW 2006, 2583–2592.

[69] EuGH v. 27.6.1990 – Rs. C 33/89 *Kowalska ./. Hansestadt Hamburg*, Slg. 1990, I-2430.

[70] EuGH v. 7.2.1991 – Rs. C 184/89 *Nimz ./. Hansestadt Hamburg*, Slg. 1991, I-297.

[71] BAG, NZA 2003, 1286, 1287.

[72] BAG, NZA 1996, 48–55.

[73] BAG, NZA 1986, 321–323.

[74] *Bauer/Thüsing/Schunder*, NZA 2005, 32–36.

[75] *V. Steinau-Steinrück/Schneider/Wagner*, NZA 2005, 28–32.

§ 5 Die Auswirkungen des Allgemeinen Gleichbehandlungsgesetzes auf das Mietrecht

Marlene Schmidt

I. Einführung: Die Systematik der Diskriminierungsverbote für den Zivilrechtsverkehr

Anders als für das Arbeitsrecht gibt es für das Mietrecht im AGG keinen eigenen Abschnitt. Einschlägig sind der Allgemeine Teil in Abschnitt 1, Abschnitt 3 über den Schutz vor Benachteiligungen im Zivilrechtsverkehr, der einige Sonderregelungen für Mietverhältnisse über Wohnraum enthält (§ 19 Abs. 3 und Abs. 5 AGG), sowie Abschnitt 4 zum Rechtsschutz.[1]

Der dritte Abschnitt des AGG (§§ 19 ff.) über den Schutz vor Benachteiligungen im Zivilrechtsverkehr dient der Umsetzung der Antirassismusrichtlinie 2000/43/EG[2] und der Gleichbehandlungsrichtlinie 2004/113/EG[3]. Beide Richtlinien untersagen Diskriminierungen beim Zugang zu und der Versorgung mit Gütern und Dienstleistungen, die der Öffentlichkeit zur Verfügung stehen.[4] Zu den Dienstleistungen in diesem Sinne gehört auch die Vermietung von beweglichen und unbeweglichen Sachen.

---

[1] Bei Benachteiligungen aus Gründen der Rasse oder wegen der ethnischen Herkunft sind die §§ 19–21 AGG gem. § 33 Abs. 2 AGG nicht auf Schuldverhältnisse anzuwenden, die vor dem 18. 8. 2006 begründet worden sind, es sei denn, es handelt sich um ein Dauerschuldverhältnis, das nach dem Inkrafttreten des AGG geändert wurde. Für die übrigen von § 19 AGG erfassten Diskriminierungsmerkmale gilt gem. § 33 Abs. 3 AGG eine entsprechende Regelung ab dem Stichtag 1. 12. 2006. Auf bestehende Altmietverträge findet das AGG daher nur dann Anwendung, wenn sie nach der betreffenden Stichtagsregelung geändert wurden. Ob diese, soweit es um Benachteiligungen wegen Rasse und ethnischer Herkunft sowie Geschlecht geht, mit den Vorgaben des Gemeinschaftsrechts vereinbar sind, erscheint höchst zweifelhaft (ebenso Schiek-*Schiek*, Allgemeines Gleichbehandlungsgesetz (AGG) (2007), § 33 Rn. 3 f.). Die Richtlinien 2000/43/EG und 2004/113/EG sehen eine solche zeitliche Limitierung jedenfalls nicht vor.

[2] Richtlinie 2000/43/EG des Rates vom 29.6.2000 zur Anwendung des Gleichbehandlungsgrundsatzes ohne Unterschied der Rasse oder der ethnischen Herkunft, ABl. 2000 L 180/22.

[3] Richtlinie 2004/113/EG des Rates vom 13.12.2004 zur Verwirklichung des Grundsatzes der Gleichbehandlung von Männern und Frauen beim Zugang zu und bei der Versorgung mit Gütern und Dienstleistungen, ABl. 2004 L 373/37. Zum Kommissionsvorschlag kritisch *Riesenhuber/Franck*, Verbot der Geschlechtsdiskriminierung im Europäischen Vertragsrecht, JZ 2004, 529–538; zur Richtlinie selbst *Riesenhuber/Franck*, Das Verbot der Geschlechtsdiskriminierung beim Zugang zu Gütern und Dienstleistungen, EWS 2005, 245–251.

[4] Art. 1 und Art. 3 Abs. 1 h) der Richtlinie 2000/43/EG; Art. 1 und Art. 3 Abs. 1 der Richtlinie 2004/113/EG.

Während die Antirassismusrichtlinie 2000/43/EG Diskriminierungen wegen der sog. Rasse und der ethnischen Herkunft untersagt, verbietet die Gleichbehandlungsrichtlinie 2004/113/EG Diskriminierungen wegen des Geschlechts. Beide Richtlinien enthalten im Wesentlichen parallele Regelungen; mindestens in einem für das Mietrecht relevanten Punkt bleibt die Gleichbehandlungsrichtlinie 2004/113/EG jedoch hinter der Antirassismusrichtlinie 2000/43/EG zurück.[5]

Der Gesetzgeber hat die durch die Richtlinien vorgegebenen Verbote von Diskriminierungen aufgrund Rasse und ethnischer Herkunft sowie wegen des Geschlechts beim Zugang zu und der Versorgung mit Gütern und Dienstleistungen in §§ 1–5, 19–21, 22 f. AGG umgesetzt. Dabei hat er den Anwendungsbereich des Verbots der Benachteiligung wegen des Geschlechts – das AGG verwendet statt des Begriffs „Diskriminierung" den inhaltlich deckungsgleichen[6] Begriff der „Benachteiligung" – in § 19 Abs. 1 AGG erheblich enger formuliert als den Anwendungsbereichs des Verbots der Benachteiligung aufgrund Rasse und ethnischer Herkunft in § 19 Abs. 2 i.V.m. § 2 Abs. 1 Nr. 8 AGG. Darüber hinaus hat der Gesetzgeber sich nach langer und kontroverser Diskussion[7] dazu entschlossen, auch Benachteiligungen wegen der Religion, einer Behinderung, des Alters oder der sexuellen Identität im Zivilrechtsverkehr zu untersagen. Ebenso wie das Verbot der Benachteiligung wegen des Geschlechts gelten diese in § 19 Abs. 1 AGG verankerten Verbote jedoch nicht generell für den Zugang zu und die Versorgung mit Gütern und Dienstleistungen i.S.v. § 2 Abs. 1 Nr. 8 AGG, sondern nur im Rahmen des in § 19 Abs. 1 AGG definierten (engeren) Anwendungsbereichs. Bei der Erörterung der Auswirkungen des AGG auf „den Zivilrechtsverkehr"[8] im Allgemeinen und auf das Mietrecht im Besonderen ist daher zwischen Benachteiligungen wegen der Rasse und der ethnischen Herkunft einerseits und Benachteiligungen wegen des Geschlechts, der Religion,

---

[5] Hierzu unten, III. 1. c) und III. 5.

[6] § 3 AGG übernimmt hierzu nahezu wörtlich die Definition der Diskriminierung der durch das AGG umgesetzten EG-Richtlinien.

[7] Vgl. nur mit jeweils weiteren Nachweisen *Wiedemann/Thüsing*, Fragen zum Entwurf eines zivilrechtlichen Anti-Diskriminierungsgesetzes, DB 2002, 463–470; *v. Koppenfels*, Das Ende der Vertragsfreiheit?, WM 2002, 1489–1496; *v. Westphalen*, Einige Überlegungen zum Gesetzentwurf zur Verhinderung von Diskriminierungen im Zivilrecht, ZGS 2002, 283–289; *Neuner*, Diskriminierungsschutz durch Privatrecht, JZ 2003, 57–66; *Armbrüster*, Antidiskriminierungsgesetz – ein neuer Anlauf, ZRP 2005, 41–44; *Stork*, Das Gesetz zum Schutz vor Diskriminierungen im Zivilrecht, ZEuS 2005, 1–60.

[8] So die offizielle Überschrift des Abschnitts 3 (§§ 19–21) AGG.

einer Behinderung, des Alters oder der sexuellen Identität andererseits zu unterscheiden.

Dem Wortlaut der §§ 19 ff. AGG ist diese Regelungsstruktur erst bei genauerer Lektüre zu entnehmen. Denn § 19 Abs. 1 AGG, die Zentralnorm des dritten Abschnitts „Schutz vor Benachteiligung im Zivilrechtsverkehr", untersagt Benachteiligungen wegen aller dieser Merkmale – einschließlich Rasse und ethnische Herkunft – nur für den (inhaltlich engeren) Anwendungsbereich des § 19 Abs. 1 AGG. Tatsächlich ist der Anwendungsbereich des Verbots der Benachteiligung wegen der Rasse und der ethnischen Herkunft erheblich weiter und die Regelung inhaltlich erheblich strikter als die Benachteiligungsverbote wegen der übrigen Differenzierungsmerkmale. Denn nach § 19 Abs. 2 AGG ist eine Benachteiligung aus Gründen der Rasse oder wegen der ethnischen Herkunft über § 19 Abs. 1 AGG hinaus auch bei der Begründung, Durchführung und Beendigung sonstiger zivilrechtlicher Schuldverhältnisse im Sinne des § 2 Abs. 1 Nr. 5–8 AGG zulässig; ferner findet die Ausnahmeregelung des § 20 AGG auf Benachteiligungen wegen der Rasse oder der ethnischen Herkunft keine Anwendung.

Aufgrund des Vorrangs des Gemeinschaftsrechts, den weitgehend parallelen – aber nicht identischen – Bestimmungen der Richtlinien 2000/43/EG und 2004/113/EG und in Anbetracht einer Vielzahl von Umsetzungsdefiziten erscheint es für das Verständnis der §§ 19 ff. AGG hilfreich, sich zunächst mit dem Verbot der Benachteiligung aus Gründen der Rasse und der ethnischen Herkunft zu befassen.

II. Das Verbot der Benachteiligung wegen Rasse und ethnischer Herkunft

§ 19 Abs. 2 i.V.m. § 2 Abs. 1 Nr. 8 AGG untersagt Benachteiligungen aus Gründen der Rasse und der ethnischen Herkunft[9] bei der Begründung, Durchführung und Beendigung von Schuldverhältnissen über den Zugang zu und die Versorgung mit Gütern und Dienstleistungen, die der Öffentlichkeit zur Verfügung stehen, einschließlich von Wohnraum.

---

[9] Zu diesen Differenzierungsmerkmalen vgl. die Beiträge von *Riesenhuber* und *Schiek,* in diesem Band, oben, § 1 und § 2.

1. Dienstleistungen, die der Öffentlichkeit zur Verfügung stehen

Der Anwendungsbereich des Verbots der Benachteiligung wegen Rasse und ethnischer Herkunft erstreckt sich also auf „Güter und Dienstleistungen, die der Öffentlichkeit zur Verfügung stehen". Diese Formulierung hat der Gesetzgeber wörtlich aus Art. 3 Abs. 1 h) der Antirassismusrichtlinie 2000/43/EG übernommen.

a) Das Mietverhältnis als Dienstleistung i.S.v. § 2 Abs. 1 h) AGG

Während der Begriff „Güter" in § 2 Abs. 1 h) AGG Waren im Sinne der Warenverkehrsfreiheit des Art. 28 EG meint, sind unter „Dienstleistungen" solche im Sinne der in Art. 49 EG verankerten Dienstleistungsfreiheit zu verstehen.[10] Durch den Mietvertrag wird der Vermieter nach § 535 Abs. 1 S. 1 BGB verpflichtet, dem Mieter den Gebrauch der Mietsache während der Mietzeit zu gewähren. Damit ist die Vermietung einer Sache als Dienstleistung i.S.v. § 2 Abs. 1 Nr. 8 AGG einzuordnen.[11] Erfasst werden grundsätzlich alle Mietverträge, also solche über bewegliche Sachen wie Kraftfahrzeuge, Skier, Werkzeuge oder DVDs ebenso wie die Vermietung von Immobilien – gleichgültig, ob es sich dabei um Wohnraum[12] oder um Gewerberäume,[13] um ein Hotelzimmer, eine

---

[10] BT-Drs. 16/1780, 32. Art. 50 Abs. 1 EG definiert Dienstleistungen als „Leistungen, die in der Regel gegen Entgelt erbracht werden, soweit sie nicht den Vorschriften über den freien Waren- und Kapitalverkehr und über die Freizügigkeit der Person unterliegen. Als Dienstleistungen gelten insbesondere: a) gewerbliche Tätigkeiten, b) kaufmännische Tätigkeiten, c) handwerkliche Tätigkeiten, d) freiberufliche Tätigkeiten."

[11] Ebenso *Horst*, Mietrechtliche Auswirkungen des Allgemeinen Gleichbehandlungsgesetzes, MDR 2006, 1266, 1270; *Stork*, Das Anti-Diskriminierungsrecht der Europäischen Union und seine Umsetzung in das deutsche Zivilrecht (2006), S. 109; *Schmidt-Räntsch*, Auswirkungen des Allgemeinen Gleichbehandlungsgesetzes auf das Mietrecht, NZM 2007, 6, 9, der zutreffend darauf hinweist, dass der Begriff der Dienstleistung nicht auf Mietverhältnisse beschränkt ist, sondern jede Form der Zur-Verfügung-Stellung einer Sache erfasst, so beispielsweise die sozialrechtliche Zuweisung einer Wohnung. Zu den Dienstleistungen i.S.v. § 2 Abs. 1 h) AGG gehören also beispielsweise auch Leasing- und Pachtverträge. Vgl. hierzu auch die Gesetzesbegründung, BT-Drs. 16/1780, 32.

[12] § 2 Abs. 1 Nr. 8 AGG.

[13] *Horst*, MDR 2006, 1266, 1270.

Ferienwohnung[14] oder um ein Grundstücke handelt. Das AGG gilt für preisgebundenen und preisfreien Wohnraum und für Haupt- und Untermietverhältnisse[15] ebenso wie für Genossenschaftswohnungen.[16]

b) Der Öffentlichkeit „zur Verfügung stehen"

Allerdings beschränkt sich das Verbot des § 19 Abs. 2 i.V.m. § 2 Abs. 1 Nr. 8 AGG auf solche Dienstleistungen, „die der Öffentlichkeit zur Verfügung stehen". Die Bedeutung dieses Relativsatzes ist hoch umstritten. So wird die Auffassung vertreten, eine Dienstleistung stehe dann der Öffentlichkeit zur Verfügung, wenn ein privater Unternehmer, der eine Vielzahl von Vertragsverhältnisse begründen will, zu erkennen gibt, dass er potentiell mit jedem kontrahieren wird, der die Bedingungen seiner *invitatio ad offerendum* erfüllt.[17]

Im Text der Antirassismusrichtlinie 2000/43/EG wird das „der Öffentlichkeit zur Verfügung Stehen" nicht definiert. In den Vorerwägungen heißt es insoweit lediglich, der Schutz der Privatsphäre und des Familienlebens sowie der in diesem Kontext getätigten Geschäfte solle gewahrt bleiben. Die Richtlinie unterscheidet also nur zwischen Geschäften in der Privatsphäre einerseits und Geschäften, die diesen Kontext verlassen, andererseits. Quantität und Professionalität der getätigten Geschäfte sind offensichtlich irrelevant. Für die Anwendbarkeit der Antirassismusrichtlinie kommt es also maßgeblich darauf an, dass sich ein Angebot an einen Personenkreis außerhalb des Privat- und Familienlebens richtet.[18] Dement-

---

[14] *Ring*, Das zivilrechtliche Benachteiligungsverbot im allgemeinen Gleichbehandlungsgesetz, ZGS 2006, 371, 373.

[15] *Horst*, MDR 2006, 1266.

[16] *Hinz*, Allgemeines Gleichbehandlungsgesetz – Überlegungen zur Umsetzung in der mietrechtlichen Praxis (Teil 1), ZMR 2006, 742, 743.

[17] So etwa *Thüsing*, Richtlinienkonforme Auslegung und unmittelbare Geltung von EG-Richtlinien im Anti-Diskriminierungsrecht, NJW 2003, 3441, 3442 f.; *Reichold*, Sozialgerechtigkeit versus Vertragsgerechtigkeit – arbeitsrechtliche Erfahrungen mit Diskriminierungsregeln, JZ 2004, 384, 389; ähnlich auch *Maier-Reimer*, Das Allgemeine Gleichbehandlungsgesetz im Zivilrechtsverkehr, NJW 2006, 2577, 2580; ausführlich Stork (Fn. 11), S. 110 ff., 126.

[18] Dieses Ergebnis entspricht auch den völkerrechtlichen Verpflichtungen der Mitgliedstaaten der EU. So erstreckt Art. 5 CERD die Verpflichtung der Signatarstaaten zur Bekämpfung jeder Form der Diskriminierung aufgrund der Rasse ausdrücklich auch auf den privatvertraglichen Bereich; *Schiek*, Schutz vor Diskriminierung bei „öffentlich angebotenen Gütern und Dienstleistungen einschließlich des Wohnraums" – beschränkt auf rassistische Diskriminierung?, in:

sprechend heißt es auch in der Begründung des AGG, eine Dienstleistung werde der Öffentlichkeit zur Verfügung gestellt, wenn ein Angebot zum Vertragsschluss durch Anzeigen in Tageszeitungen, Schaufensterauslagen, Veröffentlichungen im Internet oder auf vergleichbare Weise öffentlich gemacht wird.[19] Auf die Größe der angesprochenen Öffentlichkeit kommt es danach ebenso wenig an wie auf die Breite des zur Verfügung stehenden Dienstleistungsangebots.[20]

Die Vermietung einer Sache steht also auch dann der Öffentlichkeit zur Verfügung, wenn es sich um eine einzelne Sache handelt, die durch Private angeboten wird.[21] Maßgeblich ist allein, dass die Wohnung in einer Tageszeitung oder sonst – beispielsweise durch einen Aushang am Schwarzen Brett der Universität, ein Inserat im Internet oder durch einen Makler – öffentlich angeboten wird.[22] Nicht anwendbar ist das AGG hingegen, wenn der Vermieter die bewegliche oder unbewegliche Sache beispielsweise auf Nachfrage im Bekanntenkreis vermietet oder ein potentieller Mietbewerber sich bei ihm meldet,[23] bevor die Wohnung öffentlich angeboten wurde. Entsprechendes dürfte für die Vermietung von günstigem Wohnraum an Mitglieder von Burschenschaften gelten.

2. Benachteiligung

Innerhalb des durch § 2 Abs. 1 Nr. 8 AGG definierten Anwendungsbereichs sind nach § 19 Abs. 2 AGG alle Benachteiligungen aus Gründen der sog. Rasse und der ethnischen Herkunft bei der Begründung, Durch-

---

Rust u.a. (Hrsg.), Die Gleichbehandlungsrichtlinien der EU und ihre Umsetzung in Deutschland, Loccumer Protokolle 40/2003, S. 129, 133.

19 BT-Drs. 16/1780, 32.

20 BT-Drs. 16/1780, 32; *Schmidt-Räntsch*, NZM 2007, 6, 10; wohl auch D. *Schwab*, Schranken der Vertragsfreiheit durch die Antidiskriminierungsrichtlinien und ihre Umsetzung in Deutschland, DNotZ 2006, 649, 659.

21 *Riesenhuber*, Das Diskriminierungsverbot aufgrund der Rasse oder der ethnischen Herkunft sowie aufgrund des Geschlechts beim Zugang zu und der Versorgung mit Gütern und Dienstleistungen, in: Leible/Schlachter (Hrsg.), Diskriminierungsschutz durch Privatrecht (2006), S. 123, 129.

22 *Hinz*, ZMR 2006, 742, 743; *Horst*, MDR 2006, 1266, 1267; *Eisenschmid*, Europäischer Verbraucherschutz: Allgemeines Gleichbehandlungsgesetz (AGG), WM 2006, 475–479; *Schmidt-Räntsch*, NZM 2007, 6, 10; ebenso nach ausführlicher Diskussion *Korell*, Diskriminierungsverbote im allgemeinen Zivilrecht, Jura 2006, 1, 6.

23 *Hinz*, ZMR 2006, 742, 743.

führung und Beendigung zivilrechtlicher Schuldverhältnisse untersagt.[24] Für das Mietrecht bedeutet dies, dass Benachteiligungen i.S.v. § 19 Abs. 2 AGG nicht nur bei der Begründung des Mietverhältnisses und der Ausgestaltung der Vertragsbedingungen,[25] sondern auch bei der tatsächlichen Handhabung des Mietvertrags, bei etwaigen Vertragsänderungen wie insbesondere Mietpreiserhöhungen sowie nicht zuletzt bei der Kündigung des Mietvertrags untersagt sind.

a) Unmittelbare Benachteiligung

In Übereinstimmung mit dem Diskriminierungsbegriff der Antirassismusrichtlinie 2000/43/EG unterscheidet § 3 AGG zwischen unmittelbaren und mittelbaren Benachteiligungen, Belästigungen sowie Anweisungen zur Benachteiligung.

aa) Definition

Eine unmittelbare Benachteiligung liegt nach der Legaldefinition des § 3 Abs. 1 S. 1 AGG vor, wenn eine Person wegen eines in § 1 AGG genannten Grundes eine weniger günstige Behandlung erfährt, als eine andere Person in einer vergleichbaren Situation erfährt, erfahren hat oder erfahren würde.

Eine unmittelbare Benachteiligung aus Gründen der sog. Rasse oder wegen der ethnischen Herkunft ist also dann gegeben, wenn die Ungleichbehandlung unmittelbar an der vermeintlichen Rasse oder der ethnischen Herkunft anknüpft. Beispielsweise benachteiligt ein Vermieter, der grundsätzlich nicht an Personen arabischer oder afrikanischer Herkunft vermietet, diese unmittelbar wegen ihrer ethnischen Herkunft. Dasselbe gilt, sofern eine Vermieterin von Personen asiatischer Herkunft eine höhere Miete oder stärkere Mieterhöhungen (§§ 556 ff. BGB) verlangt, als sie sie von Personen mitteleuropäischer Herkunft verlangt oder verlangen würde.[26]

---

[24] Zur Rechtslage vor dem Inkrafttreten des AGG *Bezzenberger*, Ethnische Diskriminierung, Gleichheit und Sittenordnung im bürgerlichen Recht, AcP 196 (1996), 395–434; ferner *Stork* (Fn. 11), 232 ff.

[25] *Schmidt-Räntsch*, NZM 2007, 6, 15.

[26] Für die Beantwortung der Frage, wann bei der Vermietung an Ausländer eine wesentliche Mietpreisüberhöhung i.S.v. § 5 WiStG vorliegt, stellt die Rechtsprechung bereits seit Ende der 70er Jahre allein auf die ortsübliche Vergleichsmiete für vergleichbare Wohnungen ab; ein mit der Ausländereigenschaft des Mieters begründeten Zuschlag zur ortsüblichen Vergleichsmiete wird für unzulässig gehalten. Vgl. LG Mannheim, MDR 1978, 55; OLG Stuttgart, NJW 1982, 1160–1161;

Eine unmittelbare rassistische Diskriminierung liegt beispielsweise ferner vor, wenn bei der Erteilung von Genehmigungen zur Untervermietung (§ 553 BGB) oder im Falle einer Kündigung (auch wegen Eigenbedarfs) (§§ 568 ff. BGB) Mieter türkischer Herkunft gegenüber solchen mitteleuropäischer Herkunft benachteiligt werden.

bb) Sachliche Rechtfertigung ausgeschlossen

Auch wenn dies vor dem Hintergrund eines vom nationalen Recht geprägten Vorverständnisses schwer nachzuvollziehen sein mag,[27] können unmittelbare Benachteiligungen wegen der sog. Rasse oder der ethnischen Herkunft in keinem Fall gerechtfertigt sein. Denn die Antirassismusrichtlinie 2000/43/EG gestattet die Rechtfertigung unmittelbarer Diskriminierungen nicht. Für den hier relevanten Bereich des Zugangs zu und der Versorgung mit öffentlich zur Verfügung stehenden Gütern[28] sieht sie lediglich in Art. 5 eine eng auszulegende Ausnahme vom Verbot unmittelbarer Diskriminierungen für sog. positive Maßnahmen vor. Der deutsche Gesetzgeber hat diese Regelungsstruktur in das AGG übernommen, ohne allerdings zwischen Rechtfertigungsgründen und Ausnahmen ausdrücklich zu unterscheiden: Dass unmittelbare Diskriminierungen wegen Rasse und ethnischer Herkunft nicht gerechtfertigt werden können, ergibt sich jedoch zum einen aus § 20 Abs. 1 AGG, der die Differenzierungsmerkmale „Rasse" und „ethnische Herkunft" nicht erwähnt, zum anderen aus der Definition der unmittelbaren Diskriminierung in § 3 Abs. 1 AGG, die im Gegensatz zur mittelbaren Diskriminierung i.S.v. § 3 Abs. 2 AGG eine (Tatbestands ausschließende) Rechtfertigung nicht vorsieht. § 19 Abs. 5 AGG muss wegen Inkompatibilität mit der Antirassismusrichtlinie 2000/43/EG außer Anwendung bleiben.[29]

---

ausführlich hierzu *Sabetta*, Ausländerdiskriminierung auf dem Wohnungsmarkt (2006), S. 120 ff.

[27] Vgl. *Derleder/Sabetta*, Die Umsetzung eines Diskriminierungsverbots im Wohnraummietrecht, WM 2005, 3, 4: „Daher wird es unabhängig davon, wie die Gesetzesfassung letztlich lauten wird, auch im Bereich der Benachteiligung von Ausländern darauf ankommen, ob dafür ein vernünftiger Grund angeführt werden kann."

[28] Für den Bereich der Beschäftigung findet sich in Art. 4 die zusätzliche Ausnahme einer „wesentlichen und entscheidenden beruflichen Anforderung".

[29] Die Antirassismusrichtlinie 2000/43/EG sieht eine § 19 Abs. 5 AGG entsprechende Einschränkung nicht vor. Zwar heißt es in ihrem Erwägungsgrund 4, der Schutz der Privatsphäre und des Familienlebens sowie der in diesem Kontext getätigten Geschäfte solle gewahrt bleiben. Die Vorerwägungen sind jedoch nicht in der Lage, den materiellen Gehalt einer Richtlinie zu beschränken; dies

Insbesondere müssen daher etwaige negative Vorerfahrungen des Vermieters mit Personen derselben ethnischen Herkunft außer Betracht bleiben.[30] So darf ein Vermieter eine Mieterin beispielsweise arabischer Herkunft nicht deswegen ablehnen, weil der vorherige Mieter ebenfalls arabischer Herkunft war und es im Laufe des Vertragsverhältnisses zu Unregelmäßigkeiten – wie z.B. Zahlungsverzug, Gewalt oder Bedrohung gegenüber anderen Mietern, eine unverhältnismäßig starke Abnutzung der Wohnung infolge von Besuchen der Großfamilie[31] – gekommen ist.[32] Ebenso irrelevant ist es, wenn der Vermieter erwartet, dass der türkische Mietbewerber den Wunsch äußern wird, eine Parabolantenne anzubringen um heimatliche Fernsehsender empfangen zu können, die im Breitbandkabelnetz nicht angeboten werden.[33]

Was aber gilt, wenn beispielsweise einer marokkanischen Familie der Abschluss eines Mietvertrags verweigert wird, weil die übrigen Mieter protestiert haben und mit ihrem Auszug drohen?[34] Ist dies tatsächlich der Fall (und der Protest von Vermieter nicht nur vorgeschoben) und sind die Drohungen in Anbetracht der Situation auf dem lokalen Wohnungsmarkt ernst zu nehmen, verstößt ein Vermieter, der eine frei stehende Wohnung unter solchen Umständen lieber an einen anderen Mietbewerber vergibt, nicht gegen § 19 Abs. 2 AGG. Denn dann benachteiligt er die marokkanische Familie nicht wegen ihrer ethnischen Herkunft, sondern wegen des von seinen Mietern ausgehenden wirtschaftlichen Drucks.

übersieht *Schmidt-Räntsch*, NZM 2007, 6, 11. Im Übrigen werden Privatsphäre und Familienleben bereits durch die Beschränkung des Diskriminierungsverbots auf Güter und Dienstleistungen, die „der Öffentlichkeit zur Verfügung stehen", gewährleistet. So zutreffend *Maier-Reimer*, NJW 2006, 2577, 2581, der daraus allerdings den unzutreffenden Schluss zieht, ein bloßes Zeitungsinserat genüge dafür nicht.

30 A.A. *Derleder/Sabetta*, WM 2005, 3, 6, die aber auch die mit dem Gemeinschaftsrecht nicht vereinbare These vertreten, eine unmittelbare Benachteiligungen wegen der ethnischen Herkunft könne im Falle des Vorliegens sachlicher Gründe zulässig sein (vgl. oben, Fn. 27).

31 Beispiele nach *Hinz*, ZMR 2006, 742, 745.

32 *Hinz*, ZMR 2006, 742, 745.

33 Nach der Rechtsprechung haben Vertragsbewerber ausländischer Herkunft unter erleichterten Voraussetzungen Anspruch auf Gestattung einer Parabolantenne. Grundlegend BGH, NJW-RR 2005, 596–597; vgl. hierzu die Anmerkung von *Horst*, Parabolantennen im Miet- und Wohnungseigentumsrecht – Lieblingskind oder Auslaufmodell?, NJW 2005, 2654–2657; bestätigt durch BVerfG, BayVWBl. 2005, 691; BGH, NJW 2006, 1062–1064.

34 Bejahend *Derleder/Sabetta*, WM 2005, 3, 7.

Benachteiligungen wegen der ethnischen Herkunft durch Dritte sind in §§ 19 ff. AGG – anders als in § 12 Abs. 3 AGG – jedoch nicht sanktioniert. Der Vermieter muss es daher nicht hinnehmen, dass er infolge der Kündigung einer ansonsten schwer vermietbaren Wohnung durch einen anderen Mieter einen nicht ganz geringfügigen Schaden erleidet.[35]

cc) Positive Maßnahmen i.S.v. § 5 AGG

Ungleichbehandlungen, die unmittelbar an der sog. Rasse oder der ethnischen Herkunft anknüpfen, können allenfalls nach § 5 AGG zulässig sein – vorausgesetzt, sie sind als positive Maßnahme zu betrachten. Positive Maßnahmen dienen der Durchsetzung von tatsächlicher Chancengleichheit.[36] Sie setzen daher voraus, dass die betreffende Ungleichbehandlung in der Realität bestehende Nachteile wegen der sog. Rasse oder der ethnischen Herkunft ausgleichen soll und zur Erreichung dieses Zieles tatsächlich auch geeignet und angemessen ist.[37] Die Verwendung des Begriffs „ausgleichen" sowie die Bezeichnung als „positive" Maßnahme lassen erkennen, dass es dabei regelmäßig um Ungleichbehandlungen in Form von Bevorzugungen der bislang benachteiligten Gruppe geht. § 5 AGG wäre daher beispielsweise bei der bevorzugten Vermietung von Wohnungen in guter Wohnlage an auf dem Wohnungsmarkt benachteiligte Personengruppen wie etwa Sinti und Roma einschlägig.

---

[35] Im Ergebnis ebenso *Derleder/Sabetta*, WM 2005, 3, 8; a. A. *Hinz*, ZMR 2006, 742, 745.

[36] Begründung des Entwurfs der Antirassismusrichtlinie, KOM(1999) 566 endg., S. 9.

[37] Art. 5 der Antirassismusrichtlinie 2000/43/EG definiert positive Maßnahmen als „Maßnahmen, mit denen Benachteiligungen aufgrund der Rasse oder der ethnischen Herkunft ... ausgeglichen werden". Soweit der Wortlaut des Art. 5 den Mitgliedstaaten ferner erlaubt, Maßnahmen zu ergreifen, mit denen solche Diskriminierungen verhindert werden, ist dies irreführend. Denn hierzu sind die Mitgliedstaaten schon aufgrund Art. 1–3 verpflichtet. Diese Definition positiver Maßnahmen ist angelehnt an die Auslegung von Art. 2 Abs. 4 der Richtlinie 76/207/EWG durch den EuGH – vgl. grundlegend EuGH v. 25.10.1988, Rs. 312/86 *Kommission ./. Frankreich*, Slg. 1988, 6315 Rn. 15; v. 17.10.1995, Rs. C-450/93 *Kalanke*, Slg. 1995, I-3051 Rn. 18 –, wonach diese Vorschrift Maßnahmen gestattet, die zwar dem Anschein nach diskriminierend sind, tatsächlich aber in der sozialen Wirklichkeit bestehende faktische Ungleichheiten beseitigen oder verringern sollen.

dd) Schaffung und Erhaltung ausgeglichener kultureller Verhältnisse i.S.v. § 19 Abs. 3 AGG

Obwohl das Gemeinschaftsrecht also lediglich eine Ausnahme vom Verbot rassistischer Diskriminierungen in Form positiver Maßnahmen vorsieht, hat der deutsche Gesetzgeber in § 19 Abs. 3 AGG eine weitere Ausnahme speziell für die Vermietung von Wohnraum verankert.[38] Danach soll eine unterschiedliche Behandlung auch im Hinblick auf die Schaffung und Erhaltung sozial stabiler Bewohnerstrukturen und ausgewogener Siedlungsstrukturen sowie ausgeglichener wirtschaftlicher, sozialer und kultureller Verhältnisse zulässig sein. Diese Vorschrift orientiert sich an § 6 Wohnraumförderungsgesetz; sie will insbesondere der Gefahr der Ghettobildung entgegenwirken und trägt damit einem Anliegen der Wohnungswirtschaft Rechnung.[39]

Mit den Vorgaben der Antirassismusrichtlinie 2000/43/EG wäre § 19 Abs. 3 AGG allerdings nur vereinbar, wenn die Vorschrift den Begriff der positiven Maßnahme i.S.v. § 5 AGG für den Bereich der Wohnraumvermietung konkretisierte.[40] So wäre die bevorzugte Vermietung an auf dem Wohnungsmarkt benachteiligte Personengruppen aus gemeinschaftsrechtlicher Perspektive nicht zu beanstanden. Darum geht es jedoch wohl allenfalls in Ausnahmefällen.

Viel häufiger ist es gängige Praxis, dass große Wohnungsgesellschaften in bei Ausländern beliebten Vierteln nur zu einem bestimmten (maximalen) Prozentsatz an Personen ausländischer Herkunft vermieten.[41] Solche Höchstquoten als positive Maßnahmen i.S.v. § 5 AGG zu qualifizieren, erscheint höchst problematisch. Mit der Definition der positiven Maßnahme in Art. 5 der Antirassismusrichtlinie 2000/43/EG und § 5 AGG sowie der einschlägigen Rechtsprechung des EuGH[42] wären solche Höchstquoten wohl schon deswegen inkompatibel, weil die als Konsequenz der Höchstquote abgewiesenen Bewerber wegen ihrer ethnischen Herkunft nicht bevorzugt, sondern benachteiligt werden.[43]

---

[38] Dies übersieht *Maier-Reimer*, NJW 2006, 2577, 2580, der § 19 Abs. 3 AGG als bloße Klarstellung betrachtet.

[39] Vgl. BT-Drs. 16/1780, 42.

[40] Ebenso *Hinz*, Allgemeines Gleichbehandlungsgesetz – Überlegungen zur Umsetzung in der mietrechtlichen Praxis, ZMR 2006, 826, 828; *Riesenhuber* (Fn. 21), S. 123, 139; *Stork* (Fn. 11), S. 296. Daher hatte die GdW auch – systematisch korrekt – die Aufnahme von § 6 Nr. 3 und 4 WoFG in § 5 AGG gefordert; vgl. Stellungnahme vom 25.2.2005, Ausschuss-Drs. 15 (12) 435–7.

[41] Vgl. hierzu *Sabetta* (Fn. 26), S. 200 f.

[42] Vgl. oben, Fn. 37.

[43] Ebenso *Riesenhuber* (Fn. 21), S. 123, 139; Däubler/Bertzbach-*Franke/Schlichtmann*, AGG (2007), § 19 Rn. 49. Die durch Höchstquoten erschwerte

ee) Motive des Vermieters

Ob der Vermieter die unmittelbare Benachteiligung zu vertreten hat i.S.v. § 276 BGB, ist völlig irrelevant. Nach der Konzeption der Antirassismusrichtlinie 2000/43/EG[44] und der Rechtsprechung des EuGH zur Gleichbehandlungsrichtlinie 76/207/EWG[45] kommt es für das Vorliegen einer unmittelbaren Diskriminierung auf ein etwaiges Verschulden nicht an.[46] Die Motive des Vermieters spielen daher nur insoweit eine Rolle, als sie einen Schluss auf die Kausalität zwischen der ethnische Herkunft

---

Bildung eigener Ausländerviertel, wie man sie beispielsweise aus den USA kennt („China town“, „little Italy“), dient jedoch nicht nur der Vermeidung eines bei ungebremstem Zuzug Mietergruppen fremder ethnischer Herkunft befürchteten Wertverfalls der Mietobjekte, sondern auch der besseren Integration dieser Personengruppen in die deutsche Gesellschaft und damit letztlich ihrer tatsächlichen Gleichbehandlung, vgl. BT-Drs. 16/1780, 42. Eine Anerkennung der Höchstquoten als positive Maßnahmen i.S.v. Art. 5 der Antirassismusrichtlinie durch den EuGH, der diese Frage letztlich zu entscheiden haben wird, erscheint daher jedenfalls dann nicht ausgeschlossen, wenn ihre Handhabung im Einzelfall zur Integration der Personen mit fremdem ethnischen Hintergrund tatsächlich geeignet und angemessen ist. Zur Förderung der gesellschaftlichen Integration von Personen fremden ethnischen Hintergrunds ist eine Quotenregelung aber allenfalls dann geeignet, wenn sie sich nicht nur in Form einer Höchstquote auf billige Wohnquartiere in schlechteren Wohnlagen bezieht, sondern wenn der Vermieter nachweisen kann, dass er sich darüber hinaus aktiv um die Vermietung seiner Wohnungen in teureren, besseren Wohnvierteln an einen ebenso hohen Mindestprozentsatz Personen fremder ethnischer Herkunft bemüht und bei solchen Objekten, bei denen der Ausländeranteil zu niedrig ist, Mietbewerberinnen der ethnischen Mehrheit abweist. Ähnlich Schiek-*Schiek*, (Fn. 1), § 19 Rn. 23.

[44] Vgl. die Definition der unmittelbaren Diskriminierung in Art. 2 Abs. 2a AGG.

[45] Richtlinie vom 9.2.1976 zur Verwirklichung des Grundsatzes der Gleichbehandlung von Männern und Frauen hinsichtlich des Zugangs zur Beschäftigung, zur Berufsbildung und zum beruflichen Aufstieg sowie in Bezug auf die Arbeitsbedingungen ABl. 1976, L 39/40; geändert durch Richtlinie 2002/73/EG des Europäischen Parlaments und des Rates vom 23.9.2002 zur Änderung der Richtlinie 76/207/EWG des Rates zur Verwirklichung des Grundsatzes der Gleichbehandlung von Männern und Frauen hinsichtlich des Zugangs zur Beschäftigung, zur Berufsbildung und zum beruflichen Aufstieg sowie in Bezug auf die Arbeitsbedingungen, ABl. 2002 L 269/15; neu gefasst in Richtlinie 2006/54/EG v. 5.7.2006 zur Verwirklichung des Grundsatzes der Chancengleichheit und Gleichbehandlung von Männern und Frauen in Arbeits- und Beschäftigungsfragen, ABl. 2006, L 204/23.

[46] EuGH v. 22. 4. 1997, Rs. C-180/95 *Draehmpaehl*, Slg. 1997, I-2195 Rn. 19. Dies übersieht *Maier-Reimer*, NJW 2006, 2577, 2579.

und der Ungleichbehandlung („Benachteiligung wegen der ethnischen Herkunft") erlauben.

Hat der Vermieter beispielsweise einen irakischen Mietbewerber abgewiesen und an eine Mieterin asiatischer Herkunft vermietet, weil diese über ein regelmäßiges und zudem höheres Arbeitseinkommen verfügt, wird man schon das Vorliegen einer Ungleichbehandlung wegen der ethnischen Herkunft verneinen müssen. Dasselbe gilt, wenn der Vermieter einen Mietbewerber wegen unzureichender Deutschkenntnisse abweist. Allerdings wird man in diesen Fällen stets einen Verstoß gegen das Verbot einer mittelbaren Diskriminierung prüfen müssen.

b) Mittelbare Benachteiligungen

Eine mittelbare Benachteiligung liegt nach der Legaldefinition des § 3 Abs. 2 AGG vor, wenn dem Anschein nach neutrale Vorschriften, Kriterien oder Verfahren Personen wegen ihrer vermeintlichen Rasse oder ethnischen Herkunft gegenüber anderen Personen in besonderer Weise benachteiligen können, es sei denn, die betreffenden Vorschriften, Kriterien oder Verfahren sind durch ein rechtmäßiges Ziel sachlich gerechtfertigt und die Mittel sind zur Erreichung dieses Ziels angemessen und erforderlich.

Eine mittelbare Benachteiligung wegen der ethnischen Herkunft (und zugleich eine unmittelbare Benachteiligung wegen der Religion) könnte also beispielsweise dann gegeben sein, wenn der Vermieter von Mietern islamischen Glaubens eine höhere Miete verlangt als von seinen übrigen Mietern – oder wenn eine Vermieterin sich weigert, an Personen mit mehr als drei Kindern zu vermieten, obwohl die Wohnung oder das Haus groß genug dafür wäre. Selbstverständlich gibt es auch Personen deutscher Herkunft, die islamischen Glaubens sind oder mehr als drei Kinder haben. Daher liegt keine unmittelbare Benachteiligung vor. Es kann aber unterstellt werden, dass die Anknüpfung an die islamische Religion oder die hohe Kinderzahl beispielsweise Mieter und Mietbewerber arabischer Herkunft stärker nachteilig treffen würde als solche mitteleuropäischer Herkunft. Auch wenn ein Vermieter generell oder in bestimmten Wohnlagen ausschließlich an Deutsche vermietet, könnte eine mittelbare Diskriminierung wegen der ethnischen Herkunft gegeben sein.[47] Zwar gibt es durchaus Deutsche, die beispielsweise afrikanischer

[47] Darüber hinaus liegt eine unmittelbare Diskriminierung wegen der Staatsangehörigkeit vor. Diese wird durch die Richtlinie 2000/43/EG gem. Art. 3 Abs. 2 ausdrücklich nicht erfasst.

oder afro-amerikanischer Herkunft sind;[48] dennoch dürften Personen fremder ethnischer Herkunft von einer solchen Praxis gegenüber deutscher Herkunft in besonderer Weise benachteiligt sein.[49]

Eine mittelbare Benachteiligung ist jedoch gem. § 3 Abs. 2 AGG ausgeschlossen, wenn die betreffenden Kriterien durch ein rechtmäßiges Ziel gerechtfertigt und die Mittel zur Erreichung dieses Ziels angemessen und erforderlich sind. Während Ungleichbehandlungen, die an der wirtschaftlichen Solvenz des Mietbewerbers oder seiner beruflichen Tätigkeit anknüpfen, regelmäßig ein rechtmäßiges Ziel verfolgen werden, sind sachliche Gründe, die einen höheren Mietpreis für bestimmte ethnische Minderheiten sachlich rechtfertigen könnten, nicht ersichtlich.

Nichts anderes gilt für das oben genannte Beispiel der Verweigerung eines Mietvertrags über eine ausreichend große Wohnung für Familien mit mehr als drei Kindern. Zwar ist Kinderfeindlichkeit in Deutschland nicht generell verboten. Daher steht es einem Vermieter auch frei, grundsätzlich nicht an Familien mit Kindern zu vermieten. Ungleichbehandlungen, die sich aber – wie die Nichtvermietung an Familien mit mehr als drei Kindern – speziell zum Nachteil bestimmter ethnischer Gruppen auswirken, müssen gem. § 3 Abs. 2 AGG stets durch ein rechtmäßiges Ziel gerechtfertigt sein. Ob ein bestimmtes Ziel rechtmäßig ist, ist unter Rückgriff auf nationales und gemeinschaftsrechtliches (Verfassungs-)Recht zu bestimmen. Vor dem Hintergrund von Art. 6 GG und den in Art. II-84 des noch nicht in Kraft getretenen Europäischen Verfassungsvertrages zum Ausdruck kommenden Wertungen erscheint es jedoch äußerst fraglich, ob man in der Ablehnung von mehr als drei Kindern ein rechtmäßiges Ziel i.S.v. § 3 Abs. 2 AGG, Art. 2 Abs. 2b der Antirassismusrichtlinie 2000/43/EG sehen kann.

Wichtig ist ferner, dass nach der ständigen Rechtsprechung des EuGH zur Diskriminierung wegen des Geschlechts und wegen der Staatsangehörigkeit ein eine mittelbare Diskriminierung ausschließender sachlicher Grund nichts mit dem betreffenden Differenzierungsmerkmal selbst „zu tun haben" darf.[50] Auch ein Abstellen auf das (Ausschluss-)Kriterium „Pflege der Tradition der Gastfreundschaft" oder „Pflege der Tradition des Schächtens aus Anlass des islamischen Opferfestes" wird man daher kaum als durch ein rechtmäßiges Ziel i.S.v. § 3 Abs. 2 AGG gerechtfertigt betrachten können.

---

[48] Zu den Voraussetzungen einer Einbürgerung vgl. §§ 8 ff. Staatsangehörigkeitsgesetz (StAG).

[49] Und nur darauf kommt es an. Dies übersehen *Derleder/Sabetta*, WM 2005, 3, 7.

[50] Schiek-*Schiek* (Fn. 1), § 3 Rn. 48.

Hingegen könnte das Kriterium „brauchbare Deutschkenntnisse" durchaus nach § 3 Abs. 2 AGG gerechtfertigt sein, ist doch die Möglichkeit der Kommunikation eine wichtige Voraussetzung für ein funktionsfähiges Mietverhältnis.[51] In Anbetracht der im Rahmen des § 3 Abs. 2 AGG vorzunehmenden Verhältnismäßigkeitsprüfung wird man allerdings nicht zu hohe Anforderungen stellen dürfen. Auch die Ablehnung eines Mietbewerbers wegen eines ungesicherten oder kurz bemessenen Aufenthaltsstatus kann gerechtfertigt sein, wenn der Vermieter ein Interesse an einer langfristigen Vermietung hat und dies tatsächlich auch bei der Ausgestaltung des Mietvertrags mit der anderen Partei durch Abschluss eines unbefristeten Mietvertrags zum Ausdruck bringt.

c) Belästigung

§ 3 Abs. 3 AGG untersagt darüber hinaus Belästigungen in Form unerwünschter Verhaltensweisen, die mit der sog. Rasse oder der ethnischen Herkunft in Zusammenhang stehen, bezwecken oder bewirken, dass die Würde der betreffenden Person verletzt und ein von Einschüchterungen, Anfeindungen, Erniedrigungen, Entwürdigungen oder Beleidigungen gekennzeichnetes Umfeld geschaffen wird. Zu Belästigungen i.S.v. § 3 Abs. 3 AGG kann es durchaus auch in Mietverhältnissen kommen, wenn beispielsweise Mieter fremder ethnischer Herkunft von der Hausverwaltung bzw. vom Personal der Vermietungsgesellschaft unwürdig behandelt oder schikaniert werden.[52]

d) Anweisung zur Benachteiligung

Auch die Anweisung zur Benachteiligung einer Person wegen der sog. Rasse oder ihrer ethnischen Herkunft gilt gem. § 3 Abs. 5 AGG als Benachteiligung. Im Kontext des Mietrechts ist insbesondere denkbar, dass der Vermieter einen von ihm eingeschalteten Makler oder den Hausverwalter[53] anweist, deutsche Mieter für die Wohnung zu finden.

Entsprechendes gilt für die Konstellation, dass der Mieter durch Stellen eines Nachmieters aus dem Mietvertrag entlassen werden will. Nach der Rechtsprechung kann der Vermieter unter engen Voraussetzungen seine

---

[51] *Hinz*, ZMR 2006, 742, 745.

[52] So *Schmidt-Räntsch*, NZM 2007, 6, 16.

[53] *Drasdo*, Das Allgemeine Gleichbehandlungsgesetz im Miet- und Wohnungseigentumsrecht, NJW-Spezial 2007, 1–3.

mietvertraglichen Ansprüche gegen den Mieter verlieren, wenn dieser in gebotener Weise Nachmieter benannt hat.[54] Eine Anweisung zur Benachteiligung wegen der ethnischen Herkunft ist gem. §§ 19 Abs. 2, 3 Abs. 5 AGG i.V.m. § 134 BGB unwirksam. Ein Mieter, der entgegen der Weisung des Vermieters unter drei Mietern auch einen oder mehrere geeignete Mieter unerwünschter ethnischer Herkunft nachweist, ist daher unter denselben Voraussetzungen von seinen mietvertraglichen Verpflichtungen entbunden wie wenn er Nachmieter benannt hätte, deren ethnische Herkunft den Vorstellungen des Vermieters entspricht.[55]

III. Das Verbot der Benachteiligung wegen des Geschlechts, der Religion, einer Behinderung, des Alters oder der sexuellen Identität

Wie eingangs bereits erläutert, untersagt das AGG neben Benachteiligungen wegen der sog. Rasse und der ethnischen Herkunft auch Benachteiligungen wegen des Geschlechts, der Religion,[56] einer Behinderung, des Alters oder der sexuellen Identität. Gemeinschaftsrechtlich geboten war nur die Regelung des Verbots der Geschlechtsdiskriminierung. Der deutsche Gesetzgeber hat sich jedoch aus verfassungsrechtlichen Gründen zu einer überschießenden Umsetzung entschlossen.[57]

1. Geschäfte i.S.v. § 19 Abs. 1 AGG

Im Gegensatz zum Verbot der Benachteiligung wegen der sog. Rasse und ethnischen Herkunft, das gem. §§ 19 Abs. 2 i.V.m. § 2 Abs. 1 Nr. 8 AGG

---

[54] BGH, NJW 2003, 1246: Der Mieter kann nach § 242 BGB ausnahmsweise die vorzeitige Entlassung aus dem Mietverhältnis verlangen, wenn er hieran „ein berechtigtes Interesse" hat und dem Vermieter „einen geeigneten und zumutbaren Ersatzmieter (Nachmieter) stellt." Vgl. auch Blank/Börstinghaus-*Blank*, Miete (2. Aufl. 2004), § 542 Rn. 155 ff.

[55] *Derleder/Sabetta*, WM 2005, 3, 9.

[56] Die Benachteiligung wegen der Weltanschauung hingegen wurde aufgrund der Stellungnahme des Rechtsausschusses vom Verbot des 3. Abschnitts ausgenommen. Die Begründung verweist auf die Gefahr, dass Vertreter rechtsradikaler Parteien sich Zugang zu Geschäften verschaffen könnten; BT-Drs. 16/2022, 13. Kritisch hierzu Schiek-*Schiek* (Fn. 1), § 19 Rn. 1.

[57] BT-Drs. 16/1780, 26.

für den Zugang zu und die Versorgung mit Gütern und Dienstleistungen gilt, die der Öffentlichkeit zur Verfügung stehen, ist das Verbot der Benachteiligung aus den übrigen in § 19 Abs. 1 AGG genannten Gründen für den Bereich des Mietrechts auf zivilrechtliche Schuldverhältnisse i.S.v. § 19 Abs. 1 Nr. 1 AGG beschränkt.[58] Das Verbot der Benachteiligung von (potentiellen) Mietern wegen ihres Geschlechts, ihrer Religion, einer Behinderung, ihres Alters oder ihrer sexuellen Identität erstreckt sich demnach auf die Begründung, Durchführung und Beendigung von sog. Massengeschäften und „Beinahe-Massengeschäften".

a) Massengeschäfte

Massengeschäfte i.S.v. § 19 Abs. 1 Nr. 1 AGG sind solche Geschäfte, die typischerweise ohne Ansehen der Person in einer Vielzahl von Fällen zustande kommen.

Wann eine „Vielzahl von Fällen" gegeben ist, sagt das Gesetz nicht. In der Begründung ist von „häufig" auftretenden Fällen die Rede.[59] Soweit die Gesetzesbegründung darüber hinaus darlegt, dass „in der Regel" nur diejenigen Leistungen erfasst würden, die von Unternehmen i.S.v. § 14 BGB erbracht werden, hat diese Einschränkung weder im Wortlaut des § 19 Abs. 1 AGG Ausdruck gefunden, noch wäre sie mit den Vorgaben der Richtlinie 2004/113/EWG vereinbar. Auch Nicht-Unternehmer können daher Massengeschäfte i.S.v. § 19 Abs. 1 Nr. 1 AGG anbieten.[60]

Entscheidend kommt es daher darauf an, wann „eine Vielzahl von Fällen" vorliegt. Hierbei ist zur Auslegung von § 19 Abs. 1 AGG auf die Rechtsprechung zu § 305 Abs. 1 S. 1 BGB zurückzugreifen.[61] Danach sind „für eine Vielzahl von Verträgen" vorformulierte Vertragsbedingungen" dann anzunehmen, wenn der Abschluss von drei bis fünf Verträgen angestrebt ist.[62]

Ein Massengeschäft i.S.v. § 19 AGG setzt weiter voraus, dass das Geschäft „typischerweise ohne Ansehen der Person" und „zu vergleichbaren Bedingungen" zustande kommt. Dies ist dann der Fall, wenn hierbei die

---

58 In § 19 Abs. 1 Nr. 2 AGG geht es um Schuldverhältnisse, die eine privatrechtliche Versicherung zum Gegenstand haben.

59 BT-Drs. 16/1780, 41.

60 Ebenso Däubler/Bertzbach-*Franke/Schlichtmann* (Fn. 43), § 19 Rn. 28.

61 *Dammann*, Die Grenzen zulässiger Diskriminierung im allgemeinen Zivilrecht (2005), S. 348; zustimmend Schiek-*Schiek* (Fn. 1), § 19 Rn. 10.

62 BGH, NJW 2004, 1454–1455; NJW 2002, 138, 139; NJW-RR 2002, 13–14.

in § 1 AGG genannten Merkmale typischerweise keine Rolle spielen,[63] so beispielsweise bei den Bargeschäften des täglichen Lebens.[64]

Ein Massengeschäft kann also nur angenommen werden, wenn es zwar auf die vertragsgemäße Erfüllung des Vertrags, nicht aber auf die Person des Vertragspartners ankommt. Diese Voraussetzungen können auch bei Mietverträgen vorliegen, so insbesondere bei der Vermietung beweglicher Sachen wie beispielsweise von Kraftfahrzeugen, Skiern, Fahrrädern oder Strandkörben, aber auch bei unbewegliche Sachen, die nur für kurze Zeit vermietet werden, wie Hotelzimmer und Ferienhäuser.[65] Bei der langfristigen Vermietung von Immobilien – gleichgültig, ob Wohnraum, Gewerberaum oder ein Grundstück – wird ein Massengeschäft hingegen allenfalls in Ausnahmefällen gegeben sein.[66] Denn die Vermieter von Wohn- und Geschäftsräumen wählen ihren Vertragspartner regelmäßig individuell nach vielfältigen Kriterien aus dem Bewerberkreis aus.[67]

b) „Beinahe-Massengeschäfte"

Bei der langfristigen Vermietung von Immobilien kann jedoch die 2. Alternative des § 19 Abs. 1 Nr. 1 AGG, ein sog. „Beinahe-Massengeschäft", gegeben sein.[68] Dieser Auffassung war jedenfalls der Gesetzgeber.[69] Voraussetzung dafür ist, dass das Ansehen der Person für das Zustandekommen des Mietvertrags eine nachrangige Bedeutung hat und ein Mietvertrag zu vergleichbaren Bedingungen in einer Vielzahl von Fällen zustande kommt. Wenn ein großer Wohnungsanbieter eine Vielzahl von Wohnungen anbietet und sich dabei vorrangig an der wirtschaftlichen Verwertung der Objekte und damit nachrangig an den Persönlichkeitsmerkmalen der Mietbewerber orientiert, können diese Voraussetzungen durchaus gegeben sein.[70]

Für die Vermietung von Wohnraum zum nicht nur vorübergehenden Gebrauch hat der Gesetzgeber die Voraussetzungen des § 19 Abs. 1 Nr. 1 AGG in § 19 Abs. 5 S. 3 AGG konkretisiert. Danach ist ein „Beinahe-Massengeschäft" in der Regel nicht gegeben, wenn der Vermie-

---

[63] BT-Drs. 16/1780, 41.

[64] Däubler/Bertzbach-*Franke/Schlichtmann* (Fn. 43), § 19 Rn. 25.

[65] Zutreffend *Schmidt-Räntsch*, NZM 2007, 6, 10.

[66] *Schmidt-Räntsch*, NZM 2007, 6, 10; ebenso *Hinz*, ZMR 2006, 742, 743.

[67] BT-Drs. 16/1780, 42.

[68] A.A. *Horst*, MDR 2006, 1266.

[69] BT-Drs. 16/1780, 42; a.A. hingegen *Schwab*, DNotZ 2006, 649, 660 f.

[70] Schiek-*Schiek* (Fn. 1), § 19 Rn. 14.

ter insgesamt nicht mehr als 50 Wohnungen vermietet. Bei gebotener gemeinschaftsrechtskonformer Auslegung kann dies allerdings nur für die nicht gemeinschaftsrechtlich determinierten Diskriminierungsmerkmale, nicht aber für das Differenzierungsmerkmal „Geschlecht“ gelten.[71] Denn eine solche Ausnahmemöglichkeit sieht die Richtlinie 2004/113/EG nicht vor.[72]

c) Vereinbarkeit mit der Gleichbehandlungsrichtlinie 2004/113/EG

Soweit § 19 Abs. 1 Nr. 1 AGG die Umsetzung der Gleichbehandlungsrichtlinie 2004/113/EG bezweckt, stellt sich jedoch die Frage, ob deren sachlicher Anwendungsbereich korrekt umsetzt wird. Die Richtlinie 2004/113/EG gilt nach ihrem Art. 3 Abs. 1 „für alle Personen, die Güter und Dienstleistungen bereitstellen, die der Öffentlichkeit ohne Ansehen der Person zur Verfügung stehen ... und die außerhalb des Bereichs des Privat- und Familienlebens und der in diesem Kontext stattfindenden Transaktionen angeboten werden.“

Soweit Art. 3 Abs. 1 der Richtlinie 2004/113/EG auf solche Geschäfte verweist, die „außerhalb des Privat- und Familienlebens und der in diesem Kontext stattfindenden Transaktionen angeboten werden“, ist eine inhaltliche Divergenz zum sachlichen Geltungsbereich der Antirassismusrichtlinie 2000/43/EG schon deswegen nicht zu konstatieren, weil Dienstleistungen, die im Rahmen des Privat- und Familienlebens angeboten werden, vom Anwendungsbereich der Richtlinie 2000/43/EG gar nicht erfasst werden. Art. 3 Abs. 1 der Richtlinie 2004/113/EG hat insoweit nur klarstellende Funktion.[73]

Ob Entsprechendes für die Einschränkung „... ohne Ansehen der Person“ gilt,[74] erscheint weniger eindeutig und wird letztlich vom EuGH beurteilt werden müssen. Bejaht man diese Frage, so gelangt man zu dem Ergebnis, dass § 19 Abs. 1 Nr. 1 AGG die Gleichbehandlungsrichtlinie 2004/113/EG nur unzureichend umsetzt und § 19 Abs. 2 AGG richtlinienkonform erweiternd auszulegen ist.[75]

---

[71] Für die Merkmale „Rasse“ und „ethnische Herkunft“ ist § 19 Abs. 1 Nr. 1 AGG wegen § 19 Abs. 2 AGG ohnehin irrelevant.

[72] Die gemeinschaftsrechtlichen Diskriminierungsverbote unterliegen auch keiner immanenten Kleinstbetriebsbeschränkung, wie der EuGH bereits 1983 zum britischen Recht festgestellt hat; vgl. EuGH v. 8. 11. 1983, Rs. 165/82 *Kommission ./. Vereinigtes Königreich*, Slg. 1983, 3431 Rn. 14 f.

[73] Schiek-*Schiek* (Fn. 1), § 19 Rn. 17.

[74] So mit ausführlicher Begründung *Korell*, Jura 2006, 1, 5.

[75] Schiek-*Schiek* (Fn. 1), § 19 Rn. 18. Verneint man sie hingegen, so wird

2. *Besonderes Nähe- oder Vertrauensverhältnis*

Nach § 19 Abs. 5 S. 1 AGG finden die §§ 19–21 AGG keine Anwendung auf zivilrechtliche Schuldverhältnisse, bei denen ein besonderes Nähe- oder Vertrauensverhältnis der Parteien oder ihrer Angehörigen begründet wird. Die Gesetzesbegründung sieht darin eine Beziehung, die über das hinausgeht, was ohnehin jedem Schuldverhältnis an persönlichem Kontakt zugrunde liegt. So kann ein besonderes Nähe- oder Vertrauensverhältnis beispielsweise darauf beruhen, dass es sich um ein für die durch das Benachteiligungsverbot verpflichtete Person besonders bedeutendes Geschäft handelt, oder dass der Vertrag besonders engen oder lang anhaltenden Kontakt der Vertragspartner mit sich bringen würde.[76]

Bei Mietverhältnissen kann dies gem. § 19 Abs. 5 S. 2 AGG insbesondere der Fall sein, wenn die Parteien oder ihre Angehörigen[77] Wohnraum auf demselben Grundstück[78] nutzen. Diese Voraussetzungen sind beispielsweise im Falle der Untervermietung und der Vermietung einer Einliegerwohnung gegeben; der Tatbestand wäre aber auch erfüllt, wenn der Vermieter oder seine Kinder in einem Mehrfamilienhaus eine der Wohnungen bewohnen.[79] § 19 Abs. 5 S. 2 AGG benennt jedoch lediglich ein Beispiel, in welchen Konstellationen ein Näheverhältnis i.S.v. § 19 Abs. 5 S. 1 AGG gegeben sein kann. Einem abgelehnten Mietbewerber bleibt daher der Nachweis unbenommen, dass in Anbetracht der konkreten Verhältnisse auf dem Grundstück ein Näheverhältnis tatsächlich nicht besteht.

Soweit § 19 Abs. 5 S. 1 f. AGG sich seinem Wortlaut nach auch auf das Verbot der Benachteiligung wegen Rasse oder ethnischer Herkunft in § 19 Abs. 2 AGG bezieht, verstößt die Vorschrift gegen höherrangiges

man zwar § 19 Abs. 1 Nr. 1 AGG für richtlinienkonform, aber die Vermutungsregel des § 19 Abs. 5 S. 2 AGG für gemeinschaftsrechtswidrig halten müssen. Denn die Richtlinie 2004/113/EG eröffnet keine Möglichkeit, das Diskriminierungsverbot durch eine Vermutung für das Vorliegen einer Ausnahme einzuschränken, vgl. *Schmidt-Räntsch*, NZM 2007, 6, 12.

[76] BT-Drs. 16/1780, 42 f.

[77] Angehörige i.S.v. § 19 Abs. 5 S. 2 AGG sind die Mitglieder des engeren Familienkreises, nämlich Eltern, Kinder, Ehe- und Lebenspartner und Geschwister. BT-Drs. 16/1780, 43.

[78] Die in der Literatur vertretene Auffassung, nur wenn die Parteien unter einem Dach leben, sei ein Näheverhältnis i.S.v. § 19 Abs. 5 S. 2 AGG gegeben – so *Eisenschmid*, WM 2006, 475–479 – vermag angesichts des eindeutigen Wortlauts der Vorschrift nicht zu überzeugen; ebenso *Horst*, MDR 2006, 1266, 1267.

[79] *Schmidt-Räntsch*, NZM 2007, 6, 11.

Gemeinschaftsrecht.[80] Entsprechendes gilt, da der Anwendungsbereich der Richtlinie 2004/113/EG insoweit mit dem der Antirassismusrichtlinie 2000/43/EG identisch ist,[81] für das Verbot der Benachteiligung wegen des Geschlechts.

3. Benachteiligungen

Auch im Anwendungsbereich des § 19 Abs. 1 Nr. 1 AGG sind nicht nur unmittelbare und mittelbare Benachteiligungen wegen der dort genannten Merkmale untersagt, sondern ebenso Belästigungen i.S.v. § 3 Abs. 3 AGG – wie beispielsweise das Einfordern sexueller Gefälligkeiten als Gegenleistung für einen Mietvertragsabschluß[82] – und Anweisungen zur Benachteiligung i.S.v. § 3 Abs. 5 AGG. Dabei muss sich das Differenzierungsmerkmal nicht immer im potentiellen Vertragspartner selbst verwirklichen: Auch ein Vermieter, der den Abschluss eines Mietvertrags mit einer Familie deswegen ablehnt, weil nicht der Vertragspartner selbst, sondern ein anderes Familienmitglied beispielsweise geistig stark behindert ist – sei es, dass die Großmutter an Alzheimer erkrankt ist, sei es, dass ein unter Umständen auch schon erwachsenes Kind das Down-Syndrom hat. Auch in diesen Fällen kann eine Ungleichbehandlung gegen das Benachteiligungsverbot des § 19 Abs. 1 Nr. 1 AGG verstoßen.

4. Ausnahmen

Unterschiedliche Behandlungen, die am Geschlecht, der Religion, einer Behinderung, am Alter oder der sexuellen Identität anknüpfen, können nach § 5 AGG als positive Maßnahme zulässig sein. Eine solche hat der Gesetzgeber bereits einige Jahre vor Inkrafttreten des AGG in § 554a BGB verankert.[83] Nach dieser Vorschrift kann der Mieter vom Vermieter die

---

[80] Vgl. oben, II. 2 a) bb).

[81] Vgl. oben, III. 1. c).

[82] Kommission, Begründung zu Art. 2 der Antirassismusrichtlinie 2000/43/EG, KOM(1999) 566 endg., S. 16; zustimmend *Riesenhuber/Franck*, JZ 2004, 529, 532.

[83] Eingefügt durch das Mietrechtsreformgesetz vom 16.2.2001, BGBl. I, 1149; Hintergrund war die Entscheidung des BVerfG, NJW 2000, 2658–2660 – Treppenlift. Zu § 554a BGB n.F. vgl. *Mersson*, Barrierefreiheit – doch nicht hindernisfrei!, NZM 2002, 313–320; ferner AG Köpenick, MM 2004, 79–80; AG Hamburg, ZMR 2005, 821–823.

Zustimmung zu baulichen Veränderungen oder sonstigen Einrichtungen verlangen, die für ihn eine behindertengerechte Nutzung der Mietsache oder den Zugang zu ihr erforderlich sind, sofern er ein berechtigtes Interesse daran hat. Der Vermieter kann seine Zustimmung verweigern, wenn sein Interesse an der unveränderten Erhaltung der Mietsache oder des Gebäudes das Interesse des Mieters an einer behindertengerechten Nutzung der Mietsache überwiegt. Dabei sind auch die berechtigten Interessen anderer Mieter in dem Gebäude zu berücksichtigen. Der Vermieter kann seine Zustimmung gem. § 554a Abs. 2 BGB von der Leistung einer angemessenen zusätzlichen Sicherheit für die Wiederherstellung des ursprünglichen Zustands abhängig machen.

Soweit § 19 Abs. 3 AGG sich auf das Verbot der Benachteiligung wegen des Geschlechts bezieht, gelten die zum Verbot rassistischer Benachteiligungen gemachten Ausführungen entsprechend:[84] Maßnahmen i.S.v. § 19 Abs. 3 AGG sind nur zulässig, wenn sie als positive Maßnahme i.S.v. § 5 AGG eingeordnet werden können.

Für alle übrigen Differenzierungsmerkmale – Religion, Behinderung, Alter, sexuelle Identität – kann § 19 Abs. 3 AGG neben § 5 AGG herangezogen werden. Da § 19 Abs. 3 AGG jedoch vor allem auf Diskriminierungen wegen der ethnischen Herkunft zielt, ist zweifelhaft, ob sich ein sinnvoller Anwendungsbereich für die übrigen Diskriminierungsmerkmale finden lässt.[85]

5. Vorliegen eines sachlichen Grundes i.S.v. § 20 Abs. 1 AGG

Anders als unmittelbare Benachteiligungen wegen der sog. Rasse und der ethnischen Herkunft können unmittelbare Benachteiligungen aus den sonstigen in § 19 Abs. 1 AGG genannten Gründen[86] – auch wegen des Geschlechts[87] – gerechtfertigt sein. Dies ergibt sich aus § 20 Abs. 1 S. 2

---

[84] Vgl. oben, II. 2. a) dd).

[85] *Schmidt-Räntsch*, NZM 2007, 6, 13.

[86] Die ursprüngliche Fassung des AGG hatte in § 20 Abs. 1 S. 1 AGG neben der Religion auch die Weltanschauung genannt – obwohl dieses Merkmal in § 19 Abs. 1 AGG nicht genannt wird und Benachteiligungen aus diesem Grunde im Anwendungsbereich des § 19 AGG daher ohnehin zulässig sind. Mit dem Änderungsgesetz vom 2.12.2006, BGBl. I, 2742, 2745, wurde dieses Redaktionsversehen korrigiert.

[87] Nach ihrem Art. 4 Abs. 5 schließt die Gleichbehandlungsrichtlinie 2004/113/EG eine unterschiedliche Behandlung – und damit auch eine solche, die unmittelbar am Geschlecht anknüpft – nicht aus, wenn es durch ein legitimes Ziel

AGG, der verschiedene Beispiele sachlicher Gründe nennt. So kann ein sachlicher Grund insbesondere dann gegeben sein, wenn die unterschiedliche Behandlung 1. der Vermeidung von Gefahren, der Verhütung von Schäden oder anderen Zwecken vergleichbarer Art dient, 2. dem Bedürfnis nach Schutz der Intimsphäre oder der persönlichen Sicherheit Rechnung trägt, 3. besondere Vorteile gewährt und ein Interesse an der Durchsetzung der Gleichbehandlung fehlt, 4. an die Religion eines Menschen anknüpft und im Hinblick auf die Ausübung der Religionsfreiheit oder auf das Selbstbestimmungsrecht der Religionsgemeinschaften, der ihnen zugeordneten Einrichtungen ohne Rücksicht auf ihre Rechtsform sowie der Vereinigungen, die sich die gemeinschaftliche Pflege einer Religion zur Aufgabe machen, unter Beachtung des jeweiligen Selbstverständnisses gerechtfertigt ist.

Bei Mietverträgen werden die in § 20 Abs. 1 S. 2 AGG genannten Regelbeispiele allerdings nur selten einschlägig sein.[88] Am ehesten in Betracht kommt § 20 Abs. 1 S. 2 Nr. 2 AGG – Schutz der persönlichen Sicherheit – zur Rechtfertigung von Frauenhäusern,[89] die dem Schutz psychisch und physisch bedrohter und misshandelter Frauen dienen. Da § 19 Abs. 5 S. 2 AGG mit Richtlinie 2004/113/EG inkompatibel ist,[90] fällt unter § 20 Abs. 1 S. 2 Nr. 2 AGG – Schutz der Intimsphäre – auch der Fall der Studentin, die weibliche Untermieter als Mitbewohner für eine Wohngemeinschaft sucht. Ferner kann § 20 Abs. 1 S. 2 Nr. 4 AGG relevant sein, wenn kirchliche Träger Zimmer in einem Wohnheim oder Wohnungen vermieten.

IV. Rechtsfolgen eines Verstoßes gegen die Benachteiligungsverbote

Da die Rechtsfolgen eines Verstoßes gegen § 19 Abs. 1, 2 AGG weitgehend denen eines Verstoßes gegen das arbeitsrechtliche Benachteiligungsverbot in

---

gerechtfertigt ist, die Güter und Dienstleistungen ausschließlich oder vorwiegend für die Angehörigen eines Geschlechts bereitzustellen und die Mittel zur Erreichung dieses Ziels angemessen und erforderlich sind. Dies übersieht *Schmidt-Räntsch*, NZM 2007, 6, 13.

88 *Schmidt-Räntsch*, NZM 2007, 6, 13.

89 *Horst*, MDR 2006, 1266, 1268.

90 Vgl. hierzu oben, III. 2.

§§ 7, 15 ff. AGG entsprechen, können die nachfolgenden Ausführungen kurz gehalten werden.[91]

Vereinbarungen und einseitige Willenserklärungen (z.B. Kündigungen), die gegen die in §§ 19 Abs. 1 und 2 AGG geregelten Benachteiligungsverbote verstoßen, sind gem. § 134 BGB nichtig.[92] Daher kann sich der Benachteiligende auf solche Vereinbarungen gem. § 21 Abs. 4 AGG auch nicht berufen. § 21 Abs. 4 AGG stellt klar, dass § 139 BGB insoweit ausgeschlossen ist und das Schuldverhältnis im Übrigen Bestand hat. Schließlich wäre den Beteiligten mit einer Rückabwicklung des Vertrags oftmals nicht geholfen.[93]

Der Benachteiligte kann ferner gem. § 21 Abs. 1 AGG die Beseitigung der Benachteiligung und im Falle der Wiederholungsgefahr Unterlassung verlangen.

Etwaige materielle und immaterielle Schäden sind ihm gem. § 21 Abs. 2 S. 1 und 3 AGG zu ersetzen. Soweit für der Anspruch auf Ersatz materieller Schäden gem. § 21 Abs. 2 S. 2 AGG das Verschulden des Benachteiligenden voraussetzt, dürfte dies mit dem Gemeinschaftsrecht unvereinbar sein. Denn nach der Rechtsprechung des EuGH darf die Haftung eines Diskriminierenden nicht davon abhängig gemacht werden, dass sein Verschulden nachgewiesen wird oder sein Verhalten gerechtfertigt ist. Entscheidet sich ein Mitgliedstaat für eine Sanktion, die sich in den Rahmen einer Regelung über die zivilrechtliche Haftung des Arbeitgebers einfügt, so muss der Verstoß gegen das Diskriminierungsverbot daher für sich genommen ausreichen, um die volle Haftung seines Urhebers auszulösen, ohne dass die im nationalen Recht vorgesehenen Rechtfertigungsgründe berücksichtigt werden können.[94]

§ 21 AGG schließt – anders als § 15 AGG in seinem Abs. 6 – einen Kontrahierungszwang nicht ausdrücklich aus. Wenn die Benachteiligung in der Verweigerung eines Vertragsabschlusses liegt, kann daher zum einen aus dem Beseitigungsanspruch des § 21 Abs. 1 BGB, zum anderen aus dem Anspruch auf Naturalrestitution aus §§ 21 Abs. 1 AGG, 249 ff. BGB ein Anspruch auf Abschluss des zunächst verweigerten Vertrags resultieren.[95]

---

[91] Insoweit wird verwiesen auf die Beiträge von *Kocher*, in diesem Band, oben, § 3, und *v. Steinau-Steinrück*, in diesem Band, oben, § 4.

[92] § 7 Abs. 2 AGG hat daher nur klarstellende Funktion.

[93] BT-Drs. 16/1780, 47.

[94] EuGH v. 8.11.1990, Rs. C-177/88 *Dekker*, Slg. 1990, I-3941 Rn. 25; v. 22.4.1997, Rs. C-180/95 *Draehmpaehl*, Slg. 1997, I-2195 Rn. 18.

[95] Ausführlich hierzu *Thüsing/v. Hoff*, Vertragsschluss als Folgenbeseitigung: Kontrahierungszwang im zivilrechtlichen Teil des Allgemeinen Gleichbehand-

Wichtig ist schließlich die in § 21 Abs. 5 AGG verankerte Ausschlussfrist: Ansprüche auf Beseitigung, Unterlassung (Abs. 1) sowie Schadensersatz und Entschädigung (Abs. 2) sind innerhalb von zwei Monaten geltend zu machen. Nach Ablauf dieser Frist kann der Anspruch nur geltend gemacht werden, wenn der Benachteiligte ohne Verschulden an der Einhaltung der Frist verhindert war.

lungsgesetzes, NJW 2007, 21–26; Däubler/Bertzbach-*Franke/Schlichtmann* (Fn. 43), § 21 Rn. 75 ff.; ebenso *Schwab*, DNotZ 2006, 649, 667.

§ 6 Die Auswirkungen des Allgemeinen Gleichbehandlungsgesetzes im Freizeitbereich

Felix Welti

I. Einführung

Das Thema der Diskriminierungsverbote im Freizeitbereich zwingt zu exemplarischer Behandlung. Denn was Menschen in ihrer Freizeit tun, ist nach Sache und rechtlicher Regelung vielgestaltig. Freizeit bedeutet Freiheit, zu tun und zu lassen, was man will. Doch ist auch dieses Reich der Freiheit durch vielfältige soziale und rechtliche Beziehungen strukturiert, in denen differenziert und diskriminiert, unterschieden und benachteiligt wird. Dies kann als Ausdruck einer freien und in sich differenzierten Gesellschaft gewertet werden. Doch sind auch die Aktivitäten in der von Erwerbsarbeit freien Zeit für die Menschen zum Teil sehr wichtig, um ihre Persönlichkeit zu entfalten. In ihrer Summe tragen sie erheblich zur Integration der Gesellschaft als einer Voraussetzung des demokratischen und sozialen Rechtsstaats bei. Kultur, Kunst, Sport und Vereinswesen sind deswegen und insofern nicht nur Felder der Freizeit und Freiheit, sondern auch Institutionen, die individualrechtlichen und institutionellen Schutz des Völkerrechts, Europäischen und deutschen Verfassungsrechts[1] und die Förderung des Staates genießen. Entsprechend intensiv werden öffentlich-rechtliche Einwirkungen auch dann, wenn Akteure des privaten Rechts diese Bereiche gestalten. Manches, was in der Freizeit geschieht, ist auch notwendige Voraussetzung für das Leben der Einzelnen und der modernen Gesellschaft, etwa die durch öffentliche Infrastruktur und öffentliches Recht gewährleistete Mobilität. Das Recht der Daseinsvorsorge und öffentlichen Einrichtungen beruht seit jeher auf der Voraussetzung eines allgemeinen Zugangs. Doch hat die Diskussion um Benachteiligungen den Blick dafür geschärft, dass Gruppen von Menschen bisher ganz oder teilweise davon ausgeschlossen waren und sind. Unter dem Leitbegriff der Barrierefreiheit sind in den letzten Jahren Regelungen der Behindertengleichstellungsgesetze vom Bund[2] und von fast allen Ländern[3] – mit

---

[1] Art. 15 IPWSKR; Art. 11 EMRK; Artt. 12, 22, 25 Charta der Grundrechte der EU; Art. 151 EGV; Artt. 5 Abs. 3 Satz 1, 9 Abs. 1 GG; Art. 3 c BWVerf; Art. 140 Abs. 3 BayVerf; Artt. 20 Abs. 2, 32 BerlVerf; Artt. 34, 35 BrbVerf; Art. 11 Abs. 3 BremVerf; Art. 16 Abs. 1 MVVerf; Art. 6 NdsVerf; Art. 18 NRWVerf; Artt. 34 Abs. 2, 40 RhPfVerf; Art. 11 SächsVerf; Art. 36 Abs. 1 LSAVerf; Art. 9 Abs. 3 SHVerf; Art. 30 ThürVerf.

[2] Gesetz zur Gleichstellung behinderter Menschen (Behindertengleichstellungsgesetz) vom 27.4.2002, BGBl. I, 1467.

[3] Gesetz über die Gleichberechtigung von Menschen mit und ohne Behinderung, Art. 1 des Gesetzes zu Art. 11 der Verfassung von Berlin (Herstellung gleichwertiger Lebensbedingungen von Menschen mit und ohne Behinderung) vom 17.5.1999, GVBl. 179; Gesetz zur Gleichstellung behinderter und nichtbehinderter

Ausnahme Niedersachsens – geschaffen worden, die in diesem Kontext zu erwähnen sind.

An den Beispielen von Gaststätten und Hotels, von Vereinen, sozialen und öffentlichen Einrichtungen, von Mobilität im Nah- und Fernverkehr und schließlich von Freizeit-Unfallversicherungen lassen sich einige Hinweise für die Anwendung des Allgemeinen Gleichbehandlungsgesetz und sein Zusammenwirken mit Normen des öffentlichen Rechts geben.

Im AGG sind für die zivilrechtlichen Beziehungen in der Freizeit die §§ 1–5 und 19–21 maßgeblich. Im Vergleich zum Arbeitsrecht, aber auch zum Wohnraummietrecht, ist zu beachten, dass viele der hier in Rede stehenden Verträge und Rechtsverhältnisse punktuell sind, so dass auf Dauerschuldverhältnisse zugeschnittene Normen und Argumente hier nicht greifen. Damit ist nicht gesagt, dass – wie aus der Gesetzesbegründung missverstanden werden könnte – Dauerschuldverhältnisse wie die Vermietung von Kfz oder der Verbraucherkredit keine Massengeschäfte im Sinne von § 19 AGG seien.[4] Auch diese kommen vielmehr oft ohne

---

Menschen in Sachsen-Anhalt vom 20.11.2001, GVBl. 457; Gesetz zur Gleichstellung behinderter Menschen des Landes Schleswig-Holstein und zur Änderung anderer Rechtsvorschriften vom 16.12.2002, GVBl. 264; Landesgesetz Rheinland-Pfalz zur Herstellung gleichwertiger Lebensbedingungen für Menschen mit Behinderungen vom 16.12.2002, GVBl. 481; Gesetz zur Gleichstellung behinderter Menschen und zur Änderung anderer Gesetze des Landes Brandenburg vom 20.3.2003, GVBl. 42; Bayerisches Gesetz zur Gleichstellung, Integration und Teilhabe von Menschen mit Behinderung und zur Änderung anderer Gesetze vom 9.7.2003, GVBl. 419; Gesetz Nr. 1541 zur Gleichstellung von Menschen mit Behinderungen im Saarland vom 26.11.2003, ABl. 2987; Gesetz des Landes Nordrhein-Westfalen zur Gleichstellung von Menschen mit Behinderung (Behindertengleichstellungsgesetz NRW) vom 16.12.2003, GVoBl. 766; Bremisches Gesetz zur Gleichstellung von Menschen mit Behinderung und zur Änderung anderer Gesetze vom 18.12.2003, GBl. 413; Gesetz zur Verbesserung der Integration von Menschen mit Behinderungen im Freistaat Sachsen vom 28.5.2004, GVoBl. 197; Hessisches Gesetz zur Gleichstellung von Menschen mit Behinderungen und zur Änderung anderer Gesetze vom 20.12.2004, GVBl. 492; Hamburgisches Gesetz zur Gleichstellung behinderter Menschen vom 21.3.2005, GVBl. 75; Baden-Württembergisches Landesgesetz zur Gleichstellung von Menschen mit Behinderungen vom 3.5.2005, GBl. 2005, 327; Thüringer Gesetz zur Gleichstellung und Verbesserung der Integration von Menschen mit Behinderungen vom 16.12.2005, GVBl. 383; Gesetz zur Gleichstellung, gleichberechtigten Teilhabe und Integration von Menschen mit Behinderungen Mecklenburg-Vorpommern vom 10.7.2006, GVOBl. 539.

[4] Schiek-*Schiek*, Allgemeines Gleichbehandlungsgesetz (AGG) (2007), § 19 Rn. 14.

Ansehen der persönlichen Merkmale in einer Vielzahl von Fällen zu vergleichbaren Bedingungen zustande.

Da die Gleichbehandlungsrahmenrichtlinie 2000/78/EG[5] nur für den Bereich von Beschäftigung und Beruf gilt, ist für die Rechtsbeziehungen in der Freizeit das europäische Recht vor allem dann in die Kritik und Auslegung des AGG einzubeziehen, wenn die Merkmale der Rasse, ethnischen Herkunft und des Geschlechts in Rede stehen. Ob die in § 19 Abs. 2 AGG vorgenommene Differenzierung zwischen Rasse und Geschlecht zu Lasten des letzteren Merkmals den Vorgaben der Richtlinien entspricht, ist zweifelhaft.[6]

Im Übrigen sind die Merkmale Religion und Behinderung auch als besondere Gleichheitsmerkmale aus Art. 3 Abs. 3 Grundgesetz geschützt. Alter und sexuelle Identität als persönlich nicht beeinflussbare Merkmale dürfen unter dem allgemeinen Gleichheitssatz keine Gründe für willkürliche Behandlung sein.[7] Staatliche Schutzpflichten und die mittelbare Drittwirkung der Grundrechte haben auch ohne europäische Richtlinien zivilrechtlicher Benachteiligung Grenzen gezogen.[8] Dies bedeutet auch, dass die in § 19 AGG nicht genannten verfassungsrechtlichen Merkmale der Sprache, Heimat und Herkunft und der politischen Anschauungen im Zivilrechtsverkehr besonders zu berücksichtigen sein können.

II. Gaststätten und Hotels

Was wäre Freizeit ohne Gaststätten? Essen gehen, mit Freunden, Bekannten oder Fremden, sitzen und trinken, in der Diskothek tanzen gehen, einen Ausflug machen: In der Gaststätte gesellen sich Menschen. Voraussetzung

---

5 Richtlinie 2000/78/EG des Rates vom 27.11.2000 zur Festlegung eines allgemeinen Rahmens für die Verwirklichung der Gleichbehandlung in Beschäftigung und Beruf, ABl. 2000 L 303/16.

6 Schiek-*Schiek* (Fn. 4), § 19 Rn.17–19.

7 Vgl. für die sexuelle Identität: BVerfGE 88, 87 (Transsexuellengesetz); für die kontroverse Diskussion zum Alter: *Bieback*, Alterdiskriminierung – allgemeine Strukturen und sozialrechtliche Probleme, ZSR 2006, 75–99.

8 Vgl. BVerfGE 7, 198, 204 – *Lüth*; BVerfGE 81, 242, 255 – *Handelsvertreter*; BVerfGE 89, 214, 232 – *Bürgschaften*; *Welti*, Behinderung und Rehabilitation im sozialen Rechtsstaat (2005), S. 430, 479 ff.; 544 ff.; *Bieback*, Die Bedeutung der sozialen Grundrechte für die Entwicklung der EU, ZfSH/SGB 2003, S. 579–588; *Canaris*, Die Bedeutung der iustitia distributiva im deutschen Vertragsrecht (1997); *Alexy*, Theorie der Grundrechte (1994), S. 372 f.; 383.

dafür ist, dass sie freien Zugang bekommen. Die Verweigerung des Zugangs zu Gaststätten, insbesondere Diskotheken, auf Grund von Hautfarbe und Nationalität gehört zu den meistdiskutierten Fällen zivilrechtlicher Gleichbehandlung.[9] 1985 wurde der Wirt der „Schnitzel-Ranch" vom OLG Frankfurt am Main wegen Volksverhetzung verurteilt, weil er ein Schild aufgehängt hatte: „*Türken dürfen dieses Lokal nicht betreten.*"[10] Hätte noch ein Mensch türkischer Herkunft dort Einlass gewünscht, hätte man den Fall vielleicht über das Deliktsrecht lösen können.

Problematisch sind heute die Fälle der Eingangsselektion durch Türsteher insbesondere an Diskotheken. Hier wird häufig beklagt, dass Rasse und ethnische Herkunft ein Auswahlkriterium für Gäste seien, was jedenfalls von über die Rechtslage informierten Betreibern und Türstehern zurückgewiesen wird. Als Kriterien werden vielmehr gepflegtes Aussehen, Friedlichkeit oder etwas diffus die „richtige Mischung" der Gäste benannt. Jedenfalls im AGG ist jedoch kein Rechtfertigungsgrund einer sozial stabilen Gästestruktur entsprechend § 19 Abs. 3 AGG enthalten, so dass generell zu diskutieren ist, welche Freiheiten dem Gaststättenbetreiber zur Auswahl seiner Gäste bleiben. Nach § 1 Gaststättengesetz wendet sich ein Gaststättengewerbe an jedermann oder an bestimmte Personenkreise. Ist damit gesagt, dass die Beschränkung auf jedweden Personenkreis rechtmäßig ist, weil das Gaststättenangebot in solchen Fällen mit Recht kein Massengeschäft ist? Eine solche Auslegung würde verkennen, dass die Beschränkung auf *bestimmte* Personenkreise – etwa in der Vereinsgastronomie oder einem Klub – nicht gleichbedeutend ist mit der beliebigen Auswahl von Personen. Vielmehr wird hier von vornherein ein Angebot an einen bestimmten – also auch abstrakt-generell rechtmäßig bestimmbaren – Personenkreis definiert.

Für die Masse der Gaststätten, die dies nicht getan haben, gilt, dass sie sich an „jedermann" wenden und damit auch ein Massengeschäft im Sinne von § 19 Abs. 1 AGG betreiben. Sie dürfen niemanden mehr nach einem der im AGG genannten Kriterien abweisen. Wie verhält es sich aber dort,

---

[9] Für wichtige Hinweise und Diskussionen zu diesem Abschnitt danke ich meinem Doktoranden Dipl.-Jur. Uwe *Jürgens*, Kiel; vgl. auch *Stock*, Zugang zu Gaststätten und Rassendiskriminierung, ZAR 1999, 118–127; *Timme*, Rechtliche Behandlung von Zutrittsverweigerungen gegenüber Ausländern im Gaststättengewerbe, ZAR 1997, 130–136; *Kühner*, Das Recht auf Zugang zu Gaststätten und das Verbot der Rassendiskriminierung, NJW 1986, 1397–1402.

[10] OLG Frankfurt am Main, NJW 1985, 1720; dazu *Lohse*, „Türken ist der Zutritt verboten" – Volksverhetzung durch Zugangsverweigerung, NJW 1985, 1677–1681; *Molketin*, Strafrecht und Zurückweisung von Gästen durch den Wirt, GewArch 1989, 86–92.

wo die Klubkarte Eintrittsvoraussetzung ist? Diese Gaststätten wenden sich an einen bestimmten Personenkreis und sind insofern frei, eine Auswahl zu treffen. Für die Auswahlkriterien beim Abschluss dieses individuellen Rechtsgeschäfts gilt jedoch, dass sie sich im Rahmen der Rechtsordnung bewegen müssen. Damit ist entsprechend der strengen Wertung der Anti-Rassismus-Richtlinie und nach § 19 Abs. 2 AGG mit § 2 Abs. 1 Nr. 8 AGG die Auswahl der Klubkarteninhaber nach Rasse und ethnischer Herkunft nicht erlaubt, soweit diese Dienstleistung der Öffentlichkeit zur Verfügung steht. Nach der gebotenen effektiven Auslegung des Öffentlichkeitsbegriffs wird damit allenfalls der echte Privat-Klub die Freiheit zur persönlich-subjektiven Auswahl seiner Mitglieder behalten. Der Betreiber, der sich mit der Klubkarte lediglich aus der Öffentlichkeit ein Marktsegment zusammenstellt, darf dies nicht nach ethnisch-rassischen Kriterien tun. Auch Rechtfertigungsgründe nach § 20 AGG können bei diesem Merkmal nicht herangezogen werden. Nach § 3 Abs. 2 AGG sind auch Kriterien, die zu diesem Ergebnis führen, als mittelbare Diskriminierung unzulässig, also etwa das Anknüpfen an der Sprache. Dagegen kann die Kleidung in einer Diskothek sachlich gerechtfertigtes Unterscheidungskriterium bleiben. Da das Gleichbehandlungsrecht jedenfalls zunächst soziale Probleme weder löst noch negiert, sondern nur ihrer Stereotypisierung entgegenwirken soll, bleiben mangelnde Zahlungsfähigkeit oder Gewalttätigkeit erlaubte Kriterien auch einer präventiven Eingangskontrolle, nur dürfen sie nicht mehr ohne Ansehen der Person den „südländischen", dunkelhäutigen oder russischen Gästen unterstellt werden.

Für alle anderen Unterscheidungsmerkmale gilt nach § 19 Abs. 1 AGG ein weniger strenger Unterscheidungsmaßstab. Fraglich ist, ob dieser – zusammen mit der Wertung des Gaststättengesetzes – dazu führt, dass der Personenkreis, dem eine Gaststätte zugänglich ist, auch anhand dieser Kriterien bestimmt werden darf. Hier wird – auch unter Berücksichtigung von § 20 Abs. 1 Nr. 3 und 4 AGG – zu differenzieren sein: Die ausgrenzende Bestimmung – „alle außer Christen", „kein Zugang für Behinderte" – ist unzulässig. Dagegen kann die exklusive Bestimmung eines Gästekreises dem legitimen Bedürfnis nach gesellschaftlicher Gruppenbildung entsprechen. Die nur für Christen oder Moslems, nur für Homo- oder Heterosexuelle, für Frauen oder Männer zugängliche Gaststätte dürfte jedenfalls im Grundsatz erlaubt sein. Dabei können aber die Umstände des Einzelfalls nicht außer Acht bleiben: Bei der Ausflugsgaststätte im Wald kann das Interesse an der Durchsetzung der Gleichbehandlung groß sein, während es bei Gaststätten für spezielle Interessen in Vergnügungsvierteln fehlt. Somit können auch Freizeitveranstaltungen für Zielgruppen als erlaubt eingeordnet werden, seien es die „Ü-30-Party", die Seniorendiskothek, der Tuntenball oder die christliche Teestube.

Ein besonderes Thema ist die Benachteiligung von Gästen als Reflex auf die Einstellungen und Handlungen anderer Gäste. In der Rechtsprechung ist es in vier Fällen diskutiert worden an Hand der Klagen von Hotelgästen, die die Anwesenheit behinderter Menschen im Hotel als Reisemangel angesehen hatten und in zwei Fällen auch Recht bekamen.[11] Unter dem AGG sollte klar sein, dass ein rechtlich gebotenes Verhalten, nämlich die Aufnahme behinderter Gäste, grundsätzlich im Verhältnis zu anderen Gästen keinen Mangel begründen kann. Somit kann sich ein Wirt nicht mehr auf diese jetzt veraltete – schon ihrerzeit falsche – Rechtsprechung berufen, wenn er behinderten Gästen Bewirtung und Unterkunft verweigert. Er kann sich aber auch nicht schlicht auf das befürchtete Fernbleiben anderer Gäste berufen.[12] Zu vermeidende Gefahren oder Schäden im Sinne von § 20 Abs. 1 Nr. 1 AGG wären entweder solche, die aus dem Verhalten der inkriminierten Gäste oder für sie selbst entstehen. So kann es rechtmäßig sein, an manchen Tagen in einer Gaststätte nicht Manchester-United-Fans neben den gegnerischen Borussia-Dortmund-Fans zu bewirten. Allerdings sind befürchtete Schäden wegen mangelnder Barrierefreiheit einer Gaststätte oder eines Hotels ein wohlfeiles Einfallstor für Benachteiligungen wegen Behinderung. Dies macht deutlich, dass die vorgebrachten Gründe der Verkehrssicherung nicht überzogen sein dürfen und überprüfbar sein müssen[13] und dass die zivilrechtliche Gleichbehandlung durch öffentlich-rechtlich durchgesetzte Barrierefreiheit zu ergänzen ist.

Einen Kontrahierungszwang schließt § 15 Abs. 6 AGG für Arbeitsverhältnisse aus. Für andere zivilrechtliche Beeinträchtigungen gilt dies nicht. Die benachteiligte Person kann nach § 21 Abs. 1 AGG die Beseitigung der Beeinträchtigung verlangen. Schon nach dem Wortlaut wird die rechtswidrige Verweigerung eines Vertragsschlusses am Besten durch den Vertragsschluss selbst beseitigt.[14] Anders als bei der Bewerbung um Arbeitsplätze oder Wohnungen kommt es beim Begehren auf einen Kneipenplatz oder Einlass in der Diskothek auch nicht auf die Frage an, ob

---

[11] LG Frankfurt am Main, NJW 1980, 1169–1170; AG Flensburg, NJW 1993, 272; anders bereits: AG Bad Homburg, Az. C 2096/99 (15); AG Kleve, NJW 2000, 84; vgl. dazu: *Welti* (Fn. 8), S. 730; *Reuter*, Minderungsansprüche aus einem Reisevetrag – „Flensburger Reiseurteil", Schleswig-Holsteinische Anzeigen (SchlHA) 1992, 217–218; *Brox*, Störungen durch geistig Behinderte als Reisemangel?, NJW 1980, 1939–1940.

[12] Däubler/Bertzbach-*Franke/Schlichtmann*, AGG (2007), § 20 Rn. 16.

[13] Däubler/Bertzbach-*Franke/Schlichtmann* (Fn. 12), § 20 Rn. 14.

[14] Schiek-*Schiek* (Fn. 4), § 21 Rn. 9; Däubler/Bertzbach-*Deinert* (Fn. 12) § 21 Rn. 24.

der Vertragsschluss gerade mit dieser Person erfolgt wäre. Für die Zukunft kann also verlangt werden, die Benachteiligung zu unterlassen und den Bewirtungsvertrag abzuschließen. Für einen darüber hinausgehenden Schadensersatzanspruch verlangt § 21 Abs. 2 Satz 2 AGG ein Verschulden des Benachteiligenden. Diese Regelung könnte wegen Verstoßes gegen die Effektivität des Rechtsschutzes gemeinschaftsrechtswidrig sein.[15] Doch kann es ausreichen, auf die Exkulpierung – etwa, weil der Türsteher angeblich instruiert war, nicht zu diskriminieren – die Beweislastumkehr in § 22 AGG konsequent anzuwenden.

Mag der Einzelne einen solchen Prozess nur ausnahmsweise führen wollen, so können sich doch Antidiskriminierungsverbände im Sinne von § 23 AGG die Beseitigung von Missständen in diesem Bereich zur Aufgabe machen und mit Hilfe einzelner Betroffener klagen. Dazu kommt, dass jedenfalls in schweren Fällen eine rechtswidrige Verweigerung von Einlass und Bewirtung eine Unzuverlässigkeit und damit für die Aufsichtsbehörde einen Versagungs- oder Widerrufsgrund für die Gaststättenerlaubnis darstellen kann.[16]

Für behinderte Menschen bleibt die Benachteiligung durch Verweigerung eines Vertragsabschlusses das geringere Problem im Vergleich zu unzugänglichen Toiletten, unüberwindlichen Stufen, für Blinde nicht lesbaren Speisekarten und anderen Ausdrücken mangelnder Barrierefreiheit. Für neu erbaute Gaststätten ebenso wie für Verkaufsstätten, Versammlungsstätten, Museen, Bibliotheken, Messe- und Ausstellungsbauten, Sportstätten, Spielplätze und öffentliche Bedürfnisanstalten schreibt das Bauordnungsrecht in Nordrhein-Westfalen[17] vor, dass die dem allgemeinen Besucherverkehr dienenden Teile so zu errichten und instand zu halten sind, dass sie von behinderten und alten Menschen sowie Personen mit Kleinkindern zweckentsprechend genutzt und barrierefrei erreicht werden können. Die bauordnungsrechtlichen Regelungen sind in den Bundesländern verschieden[18] und zum Teil restriktiver. In Mecklenburg-Vorpommern ist das Gebot der Barrierefreiheit auf Gaststätten mit

---

[15] Däubler/ Bertzbach-*Deinert* (Fn. 12), § 21 Rn. 38.

[16] §§ 4 Abs. 1 Nr. 1, 15 GastG.

[17] § 55 BauO NRW;

[18] Vgl. § 42 Abs. 1 BWBauO; Art. 51 Abs. 1 BayBauO; § 51 Abs. 1 BerlBauO; § 45 Abs. 2 und 3 BbgBauO; § 53 Abs. 1 BremLBO; § 52 Abs. 1 HmbBauO; § 73 Abs. 1 HessBO; § 52 Abs. 1 MVLBauO; § 48 Abs. 1 NdsBauO; § 51 Abs. 1 RhPfLBauO; § 54 Abs. 1 SLBauO; § 53 Abs. 1 SächsBauO; § 57 Abs. 1 BauO LSA; § 59 Abs. 1 SHLBauO; § 53 Abs. 2 ThürBauO; vgl. BT-Drs. 15/4575, 124 zur Musterbauordnung der Länder vom 8.11.2002; zum Ganzen: *Welti* (Fn. 8), S. 725.

mehr als 50 Plätzen beschränkt.[19] In Hessen, Hamburg, Niedersachsen, Sachsen-Anhalt und Thüringen sind Gaststätten nicht erwähnt. Sie können zwar unter die Generalklausel gefasst werden, doch bleibt die Unklarheit misslich.

Die hier maßgebliche Definition der Barrierefreiheit ist in den Behindertengleichstellungsgesetzen der Länder enthalten. Barrierefrei sind nach den überall ähnlichen Definitionen[20] gestaltete Lebensbereiche, wenn sie für alle behinderten Menschen auffindbar, zugänglich und nutzbar sind. Barrierefreiheit entspricht dem international als „Universal Design" bekannten Gedanken.[21] Im europäischen Recht findet sich der Rechtsgedanke der angemessenen Vorkehrungen für behinderte Menschen in Art. 5 RL 2000/78/EG. Dabei geht es auch um die behinderungsgerechte – also im Ergebnis barrierefreie – Einrichtung und Unterhaltung von Arbeitsstätten einschließlich der Betriebsanlagen, Maschinen und Geräte sowie der Gestaltung der Arbeitsplätze, des Arbeitsumfeldes, der Arbeitsorganisation und der Arbeitszeit (§ 81 Abs. 4 Nr. 4 SGB IX).

Bei Barrierefreiheit geht um alle behinderten Menschen, also nicht nur um Rollstuhlfahrer, sondern auch um blinde oder gehörlose Menschen. Näheres zur Barrierefreiheit von Bauten enthalten die Deutschen Industrienormen 18024 und 18025, so dass sich kein Bauherr auf Unklarheit seiner Verpflichtungen berufen könnte, wenn die Behörden das Bauordnungsrecht zugunsten behinderter Menschen konsequent anwenden würden.[22] Es genügt übrigens nicht, geltend zu machen, dass eine öffentliche Einrichtung bislang noch nicht von behinderten Menschen betreten worden sei, um sich aus dem Anwendungsbereich der Norm zu retten. Dies hat 2004 der VGH Baden-Württemberg im Fall eines Fitnessstudios entschieden.[23] Wäre es anders, ließen sich mit bisherigen Zugangsproblemen stets neue rechtfertigen. Auch die Bereit-

---

[19] § 52 Abs. 2 Nr. 3 MVLBauO.

[20] § 4 BGG Bund; § 2 Abs. 3 LBGG SH; § 2 Abs. 3 RhPfLGGBehM; § 4 BbgBGG; Art. 4 BayBGG; § 3 SächsIntegrG; § 3 Abs. 3 SBGG; § 4 BremBGG; § 3 Abs. 1 HessBGG; § 4 HmbGGbM; § 3 LBGGBW; § 5 ThürGlG; § 6 LBGGMV.

[21] Vgl. BT-Drs. 15/4575, 10, 124; *Welti* (Fn. 8), S. 60; *Buhmann*, Barrierefreiheit – Eine Herausforderung für die Prävention, Die Berufsgenossenschaft (BG) 2003, 457-463.

[22] Kritisch: *Hase*, Gleichheit und Ungleichheit in der Praxis von Gesetzgebung und Gesetzesanwendung, in: Igl/Welti (Hrsg.); Die Verantwortung des sozialen Rechtsstaats für Personen mit Behinderung und für die Rehabilitation (2001), S. 25.

[23] VGH Baden-Württemberg, NVwZ-RR 2005, 795.

stellung gesonderter Räume, die für behinderte Menschen zugänglich sind, kann nach einem Urteil des OVG Niedersachsen unzureichend sein.[24]

Entsprechen die Räume der Gastwirtschaft den gesetzlichen Anforderungen zur Barrierefreiheit nicht, obwohl nach dem 1. November 2002 eine Baugenehmigung für die erstmalige Errichtung, wesentlichen Umbau oder wesentliche Erweiterung erteilt wurde, ist die Erlaubnis für den Gaststättenbetrieb nach § 4 Abs. 1 Nr. 2a GastG nicht zu erteilen, es sei denn, die barrierefreie Gestaltung der Räume ist unmöglich oder unzumutbar, wie dies etwa bei denkmalgeschützten Räumen möglich ist.[25] Ein Widerrufsgrund für die Gaststättenerlaubnis liegt in der Verletzung dieser Norm jedoch nicht.

Ob das Verbandsklagerecht der Behindertenverbände nach § 6 Behindertengleichstellungsgesetz (BGG) NRW und anderen Gleichstellungsgesetzen der Länder[26] auch für Pflichtverletzungen der Bauaufsicht gegenüber Privaten gilt oder ob zumindest behinderte Menschen bei privaten Bauvorhaben von Gebäuden für die Öffentlichkeit einen Nutzerschutz mit entsprechender Klagebefugnis entsprechend dem Nachbarschutz geltend machen können, ist mangels geführter Klageverfahren ungeklärt. Es wäre wünschenswert, wenn mutige Verbände und ambitionierte Anwälte an dieser Stelle die Rechtsentwicklung durch geeignete Klagen voran brächten. Jedenfalls aber kann die Erlaubniserteilung nach dem Gaststättengesetz Gegenstand einer Verbandsklage nach § 13 BGG Bund sein, solange das Gaststättenrecht noch Bundesrecht ist.[27]

Für die vor den Reformen des Bauordnungs- und Behindertengleichstellungsrechts gebauten öffentlichen Gastwirtschaften, Hotels und anderen öffentlichen Gebäude privater Träger hat der Gesetzgeber keine Rechtspflichten für Barrierefreiheit verankert. Er hat jedoch den Verbänden behinderter Menschen die Möglichkeit geschaffen, mit Unternehmen

---

24 OVG Niedersachsen, BauR 2006, 1285–1288 zu einem Gebäude mit mehreren Arztpraxen.

25 Vgl. *Pöltl*, Die Auswirkungen des Behindertengleichstellungsrechts auf das Gaststättenrecht, GewArch 2003, 231–241.

26 Art. 16 BayBGG; § 15 BerlLGBG; § 10 BbgBGG; § 12 BremBGG; § 10 RhPfLGGBehM; § 9 Abs. 2 SächsIntegrG; § 17 Abs. 1 BGStG LSA; § 3 SHLBGG; § 17 HessBGG; § 12 HmbGGbM; § 12 LBGGBW; § 20 ThürGlG; § 15 LBGGMV; vgl. *Schlacke*, Verbandsklagerechte im Behindertenrecht, Beiträge zum Recht der sozialen Dienste und Einrichtungen (RsDE) 52 (2003), 60 ff.

27 Dazu Art. 125a Abs. 1 GG.

und Unternehmensverbänden Zielvereinbarungen zur Herstellung von Barrierefreiheit nach § 5 des Behindertengleichstellungsgesetzes des Bundes zu verlangen. Die wenigen bisher geschlossenen Zielvereinbarungen können im vom Bundesministerium für Arbeit und Soziales geführten Zielvereinbarungsregister abgerufen werden. Zu ihnen gehört auch am 12. März 2005 vom Sozialverband VDK, der BAG Hilfe für Behinderte, dem Deutschen Blinden- und Sehbehindertenverband, dem Deutschen Gehörlosen-Bund und der Interessenvertretung Selbstbestimmt Leben Deutschland mit dem Deutschen Hotel- und Gaststättenverband dem Hotelverband Deutschland geschlossene Zielvereinbarung über Kategorien und Standards für Beherbergungsbetriebe. Doch verpflichtet dies niemanden zum Umbau. Die Ergebnisse der modernen freiwilligen Selbstregulierung sind also sehr ernüchternd. Dennoch könnte es sein, dass auch das Konzept der Zielvereinbarung – die ja auch regional angelegt sein kann – in der verbandlichen und Beratungspraxis noch lange nicht ausgeschöpft ist.

III. Vereine

Freizeit wird nicht nur in gewerblichen Einrichtungen verbracht. Viele Aktivitäten, insbesondere im Sport, aber auch in der Kultur sind an die Mitgliedschaft in Vereinen geknüpft. Mit dem AGG wird die alte Frage neu aufgeworfen, welche Freiheiten Vereine bei der Auswahl und Aufnahme ihrer Mitglieder haben. Ist diese Freiheit zunächst im Grundgesetz durch Artikel 9 eigens geschützt, erfährt sie für Koalitionen und Berufsvereinigungen in §§ 2 Abs. 1 Nr. 4, 18 AGG eine erhebliche Einschränkung. Eine entsprechende Regelung für andere Vereine fehlt. Doch können auch außerhalb des Arbeitslebens Vereine einen erheblichen Einfluss auf den Zugang zu und die Versorgung mit Gütern und Dienstleistungen haben, die der Öffentlichkeit zur Verfügung stehen. Somit wird man unterscheiden müssen, ob ein Verein sich nach seiner Satzung an die Öffentlichkeit und „jedermann“ wendet oder ob es sich um einen Verein handelt, der nach seiner Satzung nur für einen bestimmten Personenkreis offen steht. Vom Gehörlosenbund bis zum Schwulen Sängerverein sind viele Bestimmungen des Personenkreises möglich. Die bereits vorgetragene Differenzierung von ausgrenzenden und nur exklusiven Kriterien kann auch hier eine Richtschnur geben, wiederum mit dem Vorbehalt, dass rassische und ethnische Kriterien nach § 19 Abs. 2 AGG einem strikten Verbot unterliegen und nicht nach § 20 AGG gerechtfertigt werden können.

Zudem wird das AGG mit seinen Differenzierungsverboten Einfluss auf die schon bisher bestehende Rechtsprechung zu § 25 BGB haben, dass eine Aufnahmepflicht in Vereine immer besteht, wenn die Ablehnung einer Person sachlich nicht gerechtfertigt ist und diese unbillig benachteiligt. So werden sportfremde Aufnahmekriterien in Sportvereinen schwer zu halten sein. Auch Dachverbände, die Zugang zum Spielbetrieb oder zu Hallenzeiten vermitteln, können zur Aufnahme einzelner Vereine verpflichtet sein, wie bereits 2000 vom LG Karlsruhe zugunsten des homosexuellen Gesangvereins „Queerflöten" und seiner Aufnahme in den Badischen Sängerbund entschieden worden ist.[28]

Besondere Rechtfertigungsmöglichkeiten bestehen nach oder entsprechend § 20 Abs. 1 Nr. 4 AGG für alle Vereine und Verbände, die an die Religion anknüpfen und zumindest auch der gemeinschaftlichen Pflege einer Religion dienen. Sie können dabei unter Beachtung des jeweiligen Selbstverständnisses besondere Exklusivität pflegen.[29]

IV. Soziale und öffentliche Einrichtungen

Freizeit kann auch in öffentlichen Einrichtungen gestaltet werden, von der Volkshochschule über Jugendzentrum, Altentagesstätte und Dorfgemeinschaftshaus. Soweit sich diese kulturellen und sozialen Einrichtungen in staatlicher oder kommunaler Trägerschaft befinden, waren sie bisher schon durch ihre unmittelbare Grundrechtsbindung benachteiligungsfrei auszugestalten und sind dies auch in Zukunft, auch wenn ihre Angebote nicht in den Anwendungsbereich des AGG fallen. Verstärkt wird dies dadurch, dass mit dem AGG in § 33c SGB I ein Benachteiligungsverbot wegen Rasse, ethnischer Herkunft und Behinderung für das gesamte Sozialgesetzbuch festgeschrieben worden ist. Diese Norm hat Bedeutung überall dort, wo Sozialleistungen nicht exakt im Gesetz festgeschrieben sind, sondern als Sach- und Dienstleistungen noch konkretisiert und zum Teil nach Ermessen vergeben werden müssen. Sie gilt auch für den gesamten Bereich der Kinder- und Jugendhilfe (SGB VIII) und damit für Jugendarbeit,[30] Jugendverbandsförderung[31] und Kindertagesstätten.[32]

---

[28] LG Karlsruhe, NJW-RR 2002, 111–113.
[29] Däubler/Bertzbach-*Ambrosius* (Fn. 12), § 21 Rn. 34.
[30] § 11 SGB VIII.
[31] § 12 SGB VIII.
[32] § 24 SGB VIII.

Sie beschränkt sich nicht auf staatliche und kommunale Einrichtungen, sondern muss auch von den freien Wohlfahrtsverbänden beachtet werden. Eine Differenzierung nach der Religion bleibt ihnen allerdings erlaubt. Damit könnte insbesondere die in der Praxis sehr undurchsichtige Platzvergabe in Kindertageseinrichtungen einer strengeren Kontrolle unterworfen werden, vorausgesetzt die Jugendämter oder aber klagende Eltern machen von der Norm entsprechenden Gebrauch. Ob es noch zeitgemäß ist, die Rechtsanspruch-Leistung des Kindertagesstättenplatzes durch Anbieter erfüllen zu lassen, die bei der Aufnahme nach der Religion differenzieren, ist nach geltender Rechtslage eine politische bzw. allenfalls verfassungsrechtliche Frage.

Nicht wegen der Behinderung benachteiligt werden zu dürfen, nützt behinderten Jugendlichen wiederum wenig, wenn ihre Schulen und Jugendeinrichtungen nicht barrierefrei zugänglich sind. Hier sind die Träger öffentlicher Bauvorhaben nach § 7 BGG NRW verpflichtet – wieder nur bei neuen Bauvorhaben. Darüber hinaus sind jedoch die Sozialleistungsträger nach § 17 Abs. 1 Nr. 4 SGB I allgemein dafür verantwortlich, dass Verwaltungs- und Dienstgebäude frei von Zugangs- und Kommunikationsbarrieren sind und Sozialleistungen in barrierefreien Räumen und Anlagen ausgeführt werden. Dies gilt also für jedes Sozial- oder Jugendamt, für Krankenkassengebäude, für Arztpraxen, Jugendzentren und Kindergärten.

Dem immer wieder zu beobachtenden Defizit im Vollzug dieser Normen können Verbände behinderter Menschen, die nach § 13 Abs. 3 des Behindertengleichstellungsgesetzes des Bundes anerkannt sind nach § 6 BGG NRW mit einer Verbandsklage gegen den bauenden Träger öffentlicher Gewalt beim Verwaltungsgericht oder nach § 13 Abs. 1 BGG Bund gegen den Sozialleistungsträger beim Sozialgericht entgegen wirken. Während gegenwärtig jede auch nur theoretische Klagemöglichkeit nach dem AGG bei Verbänden und Anwaltschaft in aller Munde ist, werden diese auf der Hand liegenden Klagemöglichkeiten gegen greifbare Missstände auch nach fünf Jahren BGG Bund praktisch nicht genutzt.

V. Mobilität

Mobilität im Nah- und Fernverkehr ist eine Voraussetzung freier und selbstbestimmter Freizeitgestaltung in der modernen Gesellschaft. Bahn, Bus und Taxi unterliegen darum seit jeher einem Kontrahierungszwang in öffentlich-rechtlichen wie in privatrechtlichen Formen (§ 22 PBefG). Auch in diesem Lebens- und Rechtsbereich wird der Blick daher auf die faktische Benachteiligung gerichtet, die für behinderte Reisende von Barrieren ausgeht, die in den Verkehrsmitteln oder auf dem Weg dahin zu überwinden sind.[33]

Die erste Verbandsklage eines Verbands behinderter Menschen nach dem BGG des Bundes, die das Bundesverwaltungsgericht erreicht hat[34], betraf den Umbau eines Bahnhofs der Deutschen Bahn. Die Verpflichtung zur Barrierefreiheit in § 2 Abs. 3 der Eisenbahn-Bau- und Betriebsordnung ist jedoch derart schwach formuliert, dass die Deutsche Bahn mit dem Vortrag Erfolg haben konnte, Barrierefreiheit nur zu realisieren, wenn ein Haltepunkt von mehr als 1.000 Reisenden täglich genutzt wird.

Für den Flugreiseverkehr ist schließlich die Verordnung 1107/2006 des Europäischen Parlaments und des Rates über die Rechte von behinderten Flugreisenden und Flugreisenden mit eingeschränkter Mobilität[35] zu beachten. Diese unmittelbar geltende Verordnung verpflichtet die Luftfahrt- und Reiseunternehmen Buchungen von mobilitätsbehinderten Reisenden zu akzeptieren und sie mit gültiger Buchung auch zu befördern.[36] Dies kann nur aus zwingenden Sicherheitsgründen unterlassen werden. In diesen Fällen besteht die Pflicht, eine angemessene Alternative zu suchen oder die Reisekosten zu erstatten.[37] Flughäfen in der Europäischen Union sind verpflichtet, den behinderten Menschen die entsprechende Hilfe zum Antritt des Fluges und bei der Ankunft zu leisten und zwar solche, die auf die besonderen Bedürfnisse des einzelnen Fluggastes zugeschnitten ist.[38] Diese Hilfe ist vom Flughafen zu gewährleisten und kann von ihm diskriminierungsfrei durch eine Umlage finanziert werden.[39] Luftfahrtunternehmen und Flughäfen sind zur Schulung im Umgang mit behinderten Menschen verpflichtet.[40] Es wäre wünschenswert, wenn ein entsprechender Regelungsstand in Deutschland für den schienengebundenen Verkehr erreicht werden könnte.

---

33 Vgl. § 12 Abs. 1 lit c. PBefG zu den Anforderungen an Verkehrsunternehmen und § 8 Abs. 3 Satz 3 PBefG zu den Anforderungen an den vom öffentlichen Auftraggeber zu erstellenden Nahverkehrsplan; vgl. *Welti* (Fn. 8), S. 672; *Sellmann*, Die Entwicklung des öffentlichen Verkehrsrechts, NVwZ 2004, 51–60.

34 BVerwGE 125, 370–384.

35 ABl. 2006 L 204/1 vom 26.7.2006; vgl. *Schladebach*, Behindertenrecht (2007), S. 1.

36 Art. 3 VO 1107/2006.

37 Art. 4 VO 1107/2006.

38 Art. 7 VO 1107/2006.

39 Art. 8 VO 1107/2006.

40 Art. 11 VO 1107/2006.

VI. Freizeit-Unfallversicherungen

Während die Folgen von Unfällen im Arbeitsleben[41] und auch bei ehrenamtlicher Tätigkeit in der Wohlfahrtspflege[42] sowie auf Antrag auch für Ehrenamtsträger in gemeinnützigen Organisationen, Gewerkschaften und Arbeitgebervereinigungen[43] gesetzlich bei den Berufsgenossenschaften versichert sind, besteht für Freizeitunfälle nur die Möglichkeit, eine private Versicherung abzuschließen. Bisher ist dies jedoch dem Grunde und den Bedingungen nach für viele Menschen erschwert gewesen.

Privatrechtliche Versicherungsverträge fallen nach § 19 Abs. 1 Nr. 2 AGG in den Anwendungsbereich des Gesetzes. Eine unterschiedliche Behandlung wegen des Geschlechts, der Religion, einer Behinderung, des Alters oder der sexuellen Identität ist nur zulässig, wenn dies – vereinfacht gesagt – auf einer versicherungsmathematischen, statistisch gestützten Risikobewertung beruht. Private Versicherungen arbeiten bei der Schätzung künftiger Risiken indem sie bestimmten Eigenschaften der Versicherungsnehmer bestimmte zukünftige Risiken zuordnen, meist auf der Basis vergangener Schadenseintritte bei Personen mit den gleichen Eigenschaften. Auch wenn man dieses Verfahren im Grundsatz akzeptiert, so hat der Gesetzgeber doch gesehen, dass diese Einschätzungen zukünftiger Schäden auch zu Benachteiligungen führen können. Versicherungen konnten es sich bisher zu einfach machen, das Schadensrisiko bestimmter Gruppen zu überzeichnen und ihnen Versicherungen ganz zu verweigern oder nur zu prohibitiven Bedingungen anzubieten. Auch die Gruppenbildung selbst ist nicht frei von Wertungen und Verzerrungen. Wird etwa die Gruppe der in Deutschland über sechs Millionen schwerbehinderten Menschen pauschal mit einem höheren Unfallrisiko identifiziert, werden blinde, taube oder anfallskranke Menschen mit Rheumakranken und Diabetikern in einen Topf geworfen.

Private Versicherungsunternehmen dürfen künftig ethnische Herkunft und Rasse gar nicht mehr zur Gruppenbildung verwenden, selbst wenn statistische Daten – wie etwa bisher im Bereich der Kfz-Versicherung – Unterschiede in der Schadenshäufigkeit ausweisen. Im Verhältnis zwischen den Geschlechtern dürfen sie unterschiedliche Bedingungen bei Prämien und Leistungen nur noch anbieten, wenn sie auf relevanten und genauen versicherungsmathematischen und statistischen Daten beruhen. Die Kosten im Zusammenhang von Schwangerschaft und Mutterschaft

---

[41] § 2 Abs. 1 Nr. 1 SGB VII.

[42] § 2 Abs. 1 Nr. 9 SGB VII.

[43] § 6 Abs. 1 Nr. 3 und 4 SGB VII.

dürfen dabei nie zu unterschiedlichen Prämien und Leistungen führen. Bei jeder unterschiedlichen Behandlung wegen des Geschlechts wird also zu klären sein, ob sie auch auf Kosten von Schwangerschaft und Mutterschaft zurückgeht.

Für die anderen Merkmale gilt: Ein pauschaler und völliger Ausschluss von der Versicherung an Hand einzelner Merkmale ist nicht mehr statthaft. Der Versicherer wird darlegen müssen, welche Erkenntnisse, etwa über die Unfallhäufigkeit von Blinden, Diabetikern oder über 70-jährigen Menschen er seiner Kalkulation wie zu Grunde gelegt hat.

VII. Schluss

Gerade im Freizeitbereich zeigt sich: Gleichbehandlung heißt nicht, alles über den gleichen Leisten zu schlagen. Gerechte Gleichbehandlung ist so vielgesichtig wie es zu überwindende Benachteiligung ist. Das gilt für verschiedene Lebensbereiche genauso wie für unterschiedliche Teile der Bevölkerung, die von Benachteiligung bedroht sind. Gute Rechtsberatung in Gleichbehandlungsfragen kann sich darum nie auf das AGG beschränken, sondern muss dessen normatives Umfeld einbeziehen, in dem Rechtsprechung und Gesetzgebung oft schon vorher – und manchmal unbemerkt – Pflöcke gegen Benachteiligung eingeschlagen haben. Jetzt kommt es darauf an, diese Normen in der Rechtspraxis zu verankern.